辽宁省社会科学规划基金重点项目
激励分配机制研究"（项目编号：

混合所有制企业职业经理人制度重点问题研究

HUNHE SUOYOUZHI QIYE
ZHIYE JINGLIREN ZHIDU
ZHONGDIAN WENTI YANJIU

胡润波　马大明　葛晶晶　著

知识产权出版社
全国百佳图书出版单位
—北京—

图书在版编目（CIP）数据

混合所有制企业职业经理人制度重点问题研究/胡润波，马大明，葛晶晶著．—北京：知识产权出版社，2023.6
ISBN 978-7-5130-8756-8

Ⅰ.①混⋯　Ⅱ.①胡⋯　②马⋯　③葛⋯　Ⅲ.①混合所有制—企业管理制度—研究—中国　Ⅳ.①F279.246

中国国家版本馆 CIP 数据核字（2023）第 085125 号

责任编辑：刘亚军　　　　　　　　　　责任校对：谷　洋
封面设计：张国仓　　　　　　　　　　责任印制：孙婷婷

混合所有制企业职业经理人制度重点问题研究
胡润波　马大明　葛晶晶　著

出版发行：	知识产权出版社有限责任公司	网　址：	http://www.ipph.cn
社　址：	北京市海淀区气象路 50 号院	邮　编：	100081
责编电话：	010-82000860 转 8342	责编邮箱：	731942852@qq.com
发行电话：	010-82000860 转 8101/8102	发行传真：	010-82000893/82005070/82000270
印　刷：	北京中献拓方科技发展有限公司	经　销：	新华书店、各大网上书店及相关专业书店
开　本：	720mm×1000mm　1/16	印　张：	13
版　次：	2023 年 6 月第 1 版	印　次：	2023 年 6 月第 1 次印刷
字　数：	185 千字	定　价：	78.00 元

ISBN 978-7-5130-8756-8

出版权专有　侵权必究
如有印装质量问题，本社负责调换。

前　言

党的二十大报告强调，"深化国资国企改革"。混合所有制经济是我国基本经济制度的重要实现形式，发展混合所有制经济是新时代深化国有企业改革的重要措施。在国企改革的纲领性文件《中共中央、国务院关于深化国有企业改革的指导意见》、2016年全国国有企业改革座谈会中，均将混合所有制改革作为重要内容展开了详细论述和部署，党的十九大报告对其又进行了进一步的丰富，将混合所有制改革提升到一个新高度。2023年3月，国务院国资委党委在人民论坛发表署名文章《国企改革三年行动的经验总结与未来展望》指出，"要积极稳妥深化混合所有制改革"。

本书研究的混合所有制企业特指国有控股混合所有制企业，包括绝对控股企业和相对控股企业。根据相关政策要求，国有企业持续深入推进混合所有制改革工作，取得了一定进展，但主要以混合所有制改革实现方式为主，对经营机制改革方面的探索明显不足，主要表现为部分企业"重混轻改""以混代改"，只关注股权形式转换，尤其缺乏对混合所有制企业职业经理人制度的深入探索。混合所有制企业职业经理人制度建设工作整体推进较慢。虽然学术界对混合所有制改革的研究成果丰富，但缺乏针对混合所有制企业特点的职业经理人制度研究。

职业经理人制度是企业管理体系的重要组成部分，也是混合所有制企业市场化经营机制改革的核心内容，也是混合所有制企业选人与激励分配机制的重要组成部分，对混合所有制企业高质量发展具有重要的战略支撑作用。随着社会主义市场经济的迅速发展，混合所有制企业转换经营机制，必须加强职业经理人制度建设。《国务院关于国有企业发展混合所有制经济的意见》中明确要求"推行混合所有制企业职业经理人制度"。有部分混合所有制企业尝试探索职业经理人制度，取得了宝贵经验，也遇到一些难点问题。

本书在混合所有制企业建立和完善现代企业制度背景下，结合《"双百企业"推行职业经理人制度操作指引》要求，在分析混合所有制企业职业经理人制度建设面临难点问题的基础上，给出相关建议。主要内容包括四点：第一，通过梳理文献资料的方法，总结混合所有制企业职业经理人制度建设的基础理论；第二，分析混合所有制企业职业经理人制度建设的现存问题；第三，整理混合所有制企业职业经理人制度建设的实践案例，围绕"市场化选聘""契约化管理""差异化薪酬""市场化退出""监督管理"五个关键环节，总结分析混合所有制企业职业经理人制度建设的特色做法；第四，完善混合所有制企业职业经理人制度的建议。

本书以国有企业混合所有制改革为研究背景，以政策要求为前提，梳理职业经理人制度建设取得的成果和存在的问题，依托相关研究成果和企业成功案例，提出针对重点问题的对策与建议，希望对混合所有制企业完善职业经理人制度提供理论和实践上的参考。

虽然我们倾力而为，但由于水平所限，书中难免存在不足之处，恳请各位专家、读者批评指正。

著　者

2023 年 5 月

目 录

第一章　绪　论 ………………………………………………… 1
　第一节　研究背景 ……………………………………………… 1
　第二节　研究意义 ……………………………………………… 4
　第三节　研究内容 ……………………………………………… 6
第二章　混合所有制企业职业经理人制度的基础理论 ……… 10
　第一节　混合所有制企业职业经理人制度的概念界定 …… 10
　　（一）职业经理人的概念 …………………………………… 10
　　（二）混合所有制企业职业经理人的概念 ………………… 17
　　（三）混合所有制企业职业经理人制度 …………………… 20
　第二节　混合所有制企业职业经理人制度的基本理论 …… 24
　　（一）混合所有制改革相关研究 …………………………… 24
　　（二）委托代理理论相关研究 ……………………………… 32
　　（三）不完全契约理论相关研究 …………………………… 37
　　（四）人力资本理论相关研究 ……………………………… 42
　　（五）管理层权力理论相关研究 …………………………… 47
　第三节　国有企业职业经理人制度的发展历程 …………… 53
　　（一）放权让利时期的酝酿阶段（1978—1991年）……… 54
　　（二）制度创新时期的探索阶段（1992—2001年）……… 58
　　（三）国资监管时期的突破阶段（2002—2011年）……… 59
　　（四）进入新时代的完善阶段（2012年至今）…………… 63

第三章　混合所有制企业职业经理人制度的发展现状 …… 70
第一节　混合所有制企业职业经理人制度的政策进展 …… 70
（一）中央企业所属混合所有制企业职业经理人
制度改革的政策进展 …… 71
（二）地方国企所属混合所有制企业职业经理人
制度改革的政策进展 …… 72
第二节　混合所有制企业职业经理人制度改革的
重要进展 …… 79
（一）混合所有制企业推进职业经理人制度建设情况 …… 80
（二）混合所有制企业职业经理人制度的建设模式 …… 81
（三）混合所有制企业职业经理人制度建设的主要成效 …… 83
第三节　混合所有制企业职业经理人制度建设的
现存问题 …… 85
（一）混合所有制企业推行职业经理人制度整体
进展不充分 …… 85
（二）混合所有制企业推行职业经理人制度的难点环节 …… 88

第四章　混合所有制企业职业经理人制度建设的实践案例 …… 98
第一节　市场化选聘环节案例 …… 98
第二节　契约化管理环节案例 …… 104
第三节　差异化薪酬环节案例 …… 110
第四节　市场化退出环节案例 …… 116
第五节　监督管理环节案例 …… 121

第五章　完善混合所有制企业职业经理人制度的建议 …… 126
第一节　构建混合所有制企业职业经理人评价模型，
提高选聘精准性 …… 126
（一）构建混合所有制企业职业经理人五星素质评价
模型的理论基础 …… 127
（二）基于访谈与调查的五星素质评价模型构建 …… 130

（三）基于五星素质评价模型优化职业经理人队伍 …… 139
　第二节　提升领导人员转化意愿，加强混合所有制
　　　　　企业职业经理人队伍建设 …………………………… 143
　　　（一）驱动混合所有制企业领导人员向职业经理人
　　　　　　转化的因素 …………………………………………… 144
　　　（二）加强混合所有制企业职业经理人队伍建设的
　　　　　　建议 …………………………………………………… 147
　第三节　优化中长期激励机制，激发混合所有制
　　　　　职业经理人活力 ……………………………………… 150
　　　（一）影响混合所有制企业职业经理人中长期激励
　　　　　　实施的主要因素 ……………………………………… 151
　　　（二）完善混合所有制企业职业经理人中长期激励
　　　　　　机制的建议 …………………………………………… 154

参考文献 ………………………………………………………………… 160
附件1　混合所有制改革涉及的法律法规制度目录 ………… 164
附件2　关于《"双百企业"推行经理层成员任期制和
　　　　契约化管理操作指引》和《"双百企业"推行
　　　　职业经理人制度操作指引》有关问题的回答 ……… 168
附件3　国有企业职业经理人制度相关法律法规 …………… 175
附件4　混合所有制企业推行职业经理人制度情况调研问卷 … 181
附件5　国家标准《职业经理人考试测评》
　　　　（GB/T 26998—2020） ………………………………… 192
后　记 ………………………………………………………………… 200

第一章 绪 论

经过十几年的实践探索，国有企业混合所有制改革的重点已经从"混股权"走到了"改机制"的新阶段。随着市场经济的高度发展、现代企业制度的逐步建立，混合所有制企业必须建设一支优秀的职业经理人队伍，以激发企业活力，提升竞争力，实现高质量发展目标。

第一节 研究背景

党的二十大报告强调，"深化国资国企改革"。混合所有制经济是我国基本经济制度的重要实现形式，发展混合所有制经济是新时代深化国有企业改革的重要措施。2015年，国企改革纲领性文件《中共中央、国务院关于深化国有企业改革的指导意见》指出，"推进国有企业混合所有制改革。以促进国有企业转换经营机制，放大国有资本功能，提高国有资本配置和运行效率，实现各种所有制资本取长补短、相互促进、共同发展为目标，稳妥推动国有企业发展混合所有制经济"。同年，国务院颁布《国务院关于国有企业发展混合所有制经济的意见》，推进国有企业混合所有制改革，促进各种所有制经济共同发展。2016年，在全国国有企业改革座谈会中，将混合所有制改革作为重要内容展开了详细论述和部署。党的十九大报告对国有企业混合所有制改革提出了新要求,将混合所有制改革提升到一个新高度,全国掀起了积极探索混合所有制改革的浪潮。2023年3月,国务院国资委党委发表题为《国企改革三年行动的经验总结与未来展望》署名文章,指出"要积极稳妥深化混合所有制改革"。❶

在理论层面,学术界对混合所有制改革的关注度进一步提升,研究成果丰富。第一,部分学者从理论层面出发,对混合所有制的理论基础进行梳理,提出相关建议。王高阳(2019)从宏观、中观、微观三个层面对十一届三中全会以来的混合所有制改革政策设计思路及理论研究进行了系统回顾总结和评析;黄速建(2020)从竞争性国有企业混合所有制改革入手,在理论分析的基础上探讨竞争性国有企业混合所有制改革的主要模式;齐平(2019)通过对混合所有制经济相关理论与概念的重新梳理,运用主观博弈模型对混合所有制的生成与演化机制进行解释,提出混合所有制改革新模式。第二,部分学者运用实证方法,研究混合所有制改革取得的经济效果。混合所有制改革具有一定的治理作用,非国有股东的监督治理优势可以缓解国有股东一股独大的代理问题,避免国有企业资产流失,提升国有企业创新能力(朱磊,2019)、完善高薪酬契约(蔡贵龙,2018)、改善会计信息质量(曾诗韵,2017)等。第三,部分学者研究混合所有制改革的影响因素。学术界对混改影响因素的研究尚处于理论探讨阶段,仅有少数学者实证考察了高管跨体制联结(陈仕华,2017)、政府放权意愿(蔡贵龙,2018)和产业政策(王中超,2020)对国有企业混改的影响。第四,部分学者在深入研究混合所有制背景下国有企业公司治理问题,普遍认为应进一步完善各类投资者权益平等保护机制、董事会的独立性和高管薪酬决策权,落实董事会薪酬,切实提高混合所有制企业的治理效率(高

---

❶ 国务院国资委党委. 国企改革三年行动的经验总结与未来展望. 人民论坛,2023(5):6-9.

明华，2020；叶玲，2018）。姬旭辉（2022）深入研究了党组织融入混合所有制企业公司治理路径。但是，缺乏针对混合所有制企业特点的职业经理人制度研究。

在实践层面，根据相关政策要求，国有企业持续深入推进混合所有制改革工作，积累了一定的实践经验。2014年，国务院国资委选择中国建材集团和国药集团作为发展混合所有制改革试点。2020年，国家发改委和国资委在重点领域分四批选择了210户企业开展混合所有制改革试点；各地方企业也在持续深入推进混合所有制改革工作。尽管混合所有制改革已经取得一定进展，但主要以混合所有制改革实现方式为主，对经营机制改革方面的探索明显不足，主要表现为部分企业"重混轻改""以混代改"，只关注股权形式转换，对健全现代企业制度、完善经营机制的重视不足，尤其缺乏对混合所有制企业职业经理人制度的深入探索，更倾向于选择起点要求低、实施难度小的任期制契约化管理机制作为"混改"配套工具。混合所有制企业职业经理人制度建设工作整体推进较慢。

职业经理人制度是企业管理体系的重要组成部分，也是混合所有制企业市场化经营机制改革的核心内容，对混合所有制企业高质量发展具有重要的战略支撑作用。随着社会主义市场经济的迅速发展，混合所有制企业要转换经营机制，必须加强职业经理人制度建设。《国务院关于国有企业发展混合所有制经济的意见》明确要求"推行混合所有制企业职业经理人制度"。

1841年，在美国马萨诸塞州诞生了世界上第一位职业经理人，这也是现代企业所有权与经营权分离下的必然产物。第二次世界大战后，随着西方发达国家生产力的高度发展，绝大多数规模化经营的企业建立了职业经理人制度。

党的十八届三中全会针对国有企业领导班子建设首次提出"建立职业经理人制度，更好发挥企业家作用"。这是党中央着异化薪酬""市场化退出""监督管理"（简称"五化环节"）等管理机制，提升职业经理人的专业素养和职业操守，实现能上能下、能进能出，使得人才得其所、尽其才，有助于人事制度改革，同时吸引更多优秀人才参与企业经营管理工作。另一方面，有助于完善混合所有制企业现代企业制度。混合所有制企业探索建立职业经理人制度可以进一步理顺出资人、董事会和经营管理者之间的委托代理关系，国有资产在出资人、董事会、经营管理者等层面的不同责任得以层层落实，进一步完善现代企业治理体系。

第三节 研究内容

本书研究的混合所有制企业特指国有控股混合所有制企业，包括绝对控股企业和相对控股企业。国有绝对控股企业是指国有资本比例大于50%（含50%）的企业。国有相对控股企业是指国有资本比例不足50%但相对高于企业中的其他经济成分所占比例的企业（相对控股），或者比例虽不大于其他经济成分，但根据协议规定，由国家拥有实际控制权的企业（协议控制）。国有控股混合所有制企业和国有独资企业之间的治理、管理和管控有较多相似性。因此，在制定职业经理人制度的时候，注意对合规的重视，突出对国有企业合规要求的落实，但防止过于僵化保守，影响企业的市场化管理和经营；同时，避免过于冒险和随意而造成国有资产流失。

本书研究在混合所有制企业建立和完善现代企业制度的背景下，分析混合所有制企业落实"市场化选聘""契约化管理""差异化薪酬""市场化退出""监督管理"等重点任务的进展情况和存在的难点问题，剖析问题成因，总结混合所有制企业优秀实践案例，提出完善职业经理人制度的建议，主要研究内容见图1-1。

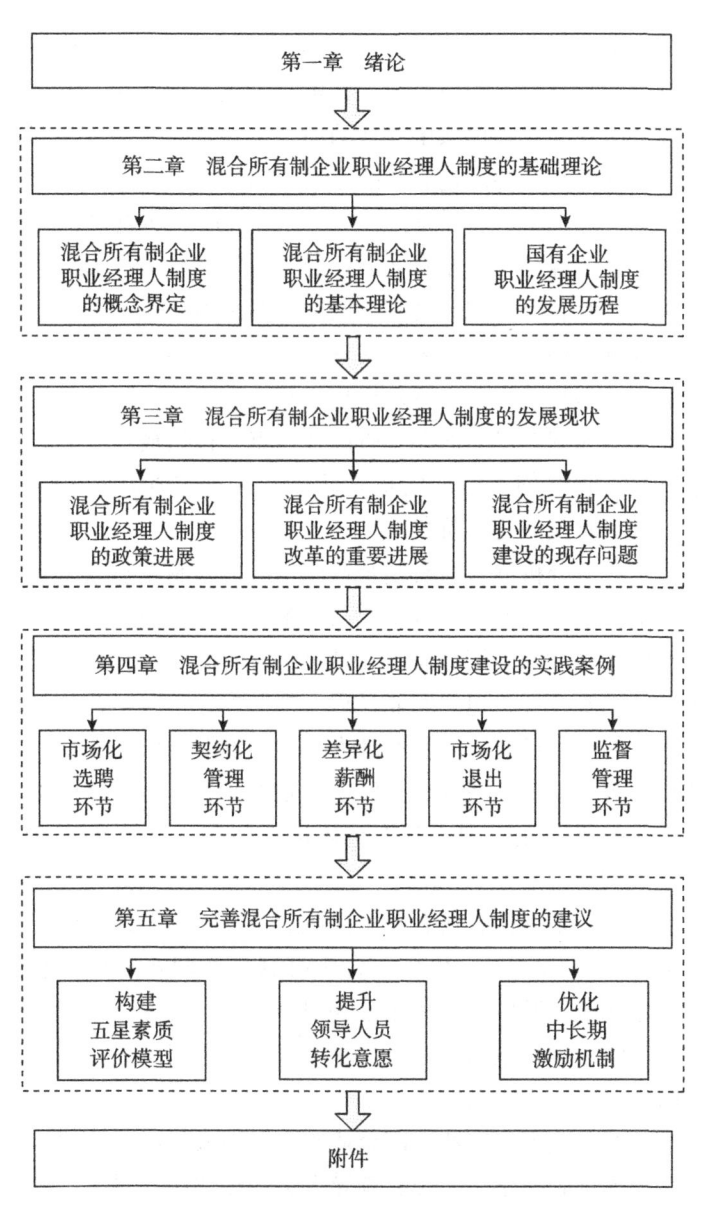

```
┌─────────────────────────────────┐
│      第一章  绪论                │
└─────────────────────────────────┘
              ↓
┌─────────────────────────────────────────┐
│  第二章  混合所有制企业职业经理人制度的基础理论  │
│  ┌──────────┐ ┌──────────┐ ┌──────────┐ │
│  │混合所有制企业│ │混合所有制企业│ │国有企业  │ │
│  │职业经理人制度│ │职业经理人制度│ │职业经理人制度│ │
│  │的概念界定  │ │的基本理论  │ │的发展历程  │ │
│  └──────────┘ └──────────┘ └──────────┘ │
└─────────────────────────────────────────┘
              ↓
┌─────────────────────────────────────────┐
│  第三章  混合所有制企业职业经理人制度的发展现状  │
│  ┌──────────┐ ┌──────────┐ ┌──────────┐ │
│  │混合所有制企业│ │混合所有制企业│ │混合所有制企业│ │
│  │职业经理人制度│ │职业经理人制度│ │职业经理人制度│ │
│  │的政策进展  │ │改革的重要进展│ │建设的现存问题│ │
│  └──────────┘ └──────────┘ └──────────┘ │
└─────────────────────────────────────────┘
              ↓
┌─────────────────────────────────────────────┐
│ 第四章  混合所有制企业职业经理人制度建设的实践案例 │
│ ┌────┐ ┌────┐ ┌────┐ ┌────┐ ┌────┐          │
│ │市场化│ │契约化│ │差异化│ │市场化│ │监督 │          │
│ │选聘 │ │管理 │ │薪酬 │ │退出 │ │管理 │          │
│ │环节 │ │环节 │ │环节 │ │环节 │ │环节 │          │
│ └────┘ └────┘ └────┘ └────┘ └────┘          │
└─────────────────────────────────────────────┘
              ↓
┌─────────────────────────────────────────┐
│  第五章  完善混合所有制企业职业经理人制度的建议 │
│   ┌──────┐   ┌──────┐   ┌──────┐         │
│   │构建  │   │提升  │   │优化  │         │
│   │五星素质│   │领导人员│   │中长期│         │
│   │评价模型│   │转化意愿│   │激励机制│         │
│   └──────┘   └──────┘   └──────┘         │
└─────────────────────────────────────────┘
              ↓
┌─────────────────────────────────┐
│            附件                  │
└─────────────────────────────────┘
```

图 1-1 混合所有制企业职业经理人制度研究总体框架

第一章，绪论。阐述混合所有制企业职业经理人制度建设的研究背景、研究意义和研究内容，重点论述了混合所有制企业改革在理论研究和实践探索中存在的不足，深入研究混合所有制企业职业经理人制度的理论和实践意义。第二章，通过梳理文献资料的方法，总结混合所有制企业职业经理人制度建设的基础理论。一是总结混合所有制企业职业经理人制度相关的概念。二是总结混合所有制企业职业经理人制度相关基本理论，主要包括混合所有制改革相关理论、委托代理相关理论、不完全契约相关理论、人力资本相关理论、管理层权力相关理论。三是梳理国有企业职业经理人制度发展的四个阶段及特点，包括放权让利时期的酝酿阶段、制度创新时期的探索阶段、国资监管时期的突破阶段、进入新时代的完善阶段。

第三章，分析混合所有制企业职业经理人制度建设的现存问题。一是从中央企业和地方企业两个维度，分析混合所有制企业职业经理人制度的政策进展。二是总结混合所有制企业经理人制度建设的重要进展，包括职业经理人制度推进情况、职业经理人制度建设的三种模式、职业经理人制度建设取得的主要成效。三是结合《操作指引》要求，基于大规模问卷调研，分析混合所有制企业推行职业经理人制度整体进展情况，以及在"五化环节"面临的重点和难点问题。

第四章，整理混合所有制企业职业经理人制度建设的实践案例。围绕"五化环节"分析混合所有制企业职业经理人制度建设的特色做法，其中，中央企业包括华润集团、新兴际华集团、华侨城集团、国投电力等，地方企业包括上海建工集团、上海电气环保集团、云南云天化等。

第五章，完善混合所有制企业职业经理人制度的建议。针对职业经理人选聘科学性不强、领导人员转化意愿不足、中长期激励机制不完善三个关键难点问题，基于问卷调研、访谈调研、实地调研、公开文献等多源数据，深入分析问题形成的原因，结合成功企业案例经验，提出针对性的建议。重点构建了有中国特色的混合所有制企业职业经理人五星素质评价模型，为国有企业打造优秀职业经理人队伍奠定良好基础；提炼出驱动混合所有制企业领导人员向职业经理人转化的因素；总结出影响混合所有制企业职业经理人中长期激励实施的主要因素。

附件部分，总结了与本研究有紧密关系的政策文件、法律法规、研究工具等内容，具体包括四部分：一是混合所有制改革涉及的法律法规制度目录；二是关于《"双百企业"推行经理层成员任期制和契约化管理操作指引》和《"双百企业"推行职业经理人制度操作指引》有关问题的回答；三是国有企业职业经理人制度相关法律法规；四是混合所有制企业推行职业经理人制度情况调研问卷。

第二章　混合所有制企业职业经理人制度的基础理论

通过对公开文献、访谈调研等资料的整理，简要介绍了混合所有制企业职业经理人制度的概念、相关制度文件、制度建设模式、取得的主要成效，为后续深入开展研究奠定了基础。

第一节　混合所有制企业职业经理人制度的概念界定

（一）职业经理人的概念

1. 职业经理人产生的背景

18世纪中叶，瓦特发明蒸汽机，通过大规模工业化生产取代个体手工生产模式，引发工业革命。工业革命有效提高了社会生产力水平，推动了生产关系和社会结构变革，企业生产的社会化程度越来越高。

在工业革命的影响下，美国出现了铁路建设热潮，大批修建铁路的股份公司应运而生，规模和经营范围日益扩大，员工和内部管理机构不断增加，经营管理变得越来越复杂。此时，传统管理模式越来越无法满足企业发展的需要。由于企业所有者管理能力不足造成铁路事故的案例屡见不鲜。1841年，在美国马萨诸塞州，由于铁路输运公司所有者管理错误，引发一起两列火车相撞事故，造成2人死亡、17名乘客受伤的惨剧。这次事故使铁路运输公司面临一场空前的舆论危机，公众不再信任公司所有者的管理能力，要求政府干预企业管理制度，选拔有能力的管理者运营铁路公司。在州议会的推动下，铁路运输公司开始改革企业管理制度，转变成为美国第一家雇佣专门管理团队运营公司的现代企业。

在政府的干预下，企业管理工作被确认为一项专业性工作，成为被政府和民众广泛认可的职业。这一标志性事件也成为职业经理人概念诞生的起点，职业经理人队伍也开始在各国企业中发展壮大。据统计，到20世纪60年代末，80%以上的美国企业聘请了职业经理人，形成了利益相对独立的职业经理人阶层。随着现代企业制度的逐步完善，美国企业制定了较为规范的职业经理人管理制度。1890年，马歇尔认为自由竞争的气氛创造了企业自由发展的环境，从而造就了一批敢于承担风险、负责管理的企业家队伍[1]。显然，随着市场经济的发展，企业所有者逐步被职业经理人替代，进而推动了企业职业经理人管理制度的完善。在社会生产力高度发展、企业所有权和经营权分离背景下，职业经理人队伍随着现代企业制度的逐步完善而形成。

2. 职业经理人的定义

19世纪中期，"经理"一词诞生，被翻译为"经营料理"，即一个人通过经营料理他人财产，达到资产的增值和利润的增加，并以此来获得自身的报酬。这与"对企业资产拥有绝对经营

---

[1] 马歇尔. 经济学原理 [M]. 北京：北京联合出版公司，2015.

权和管理权"的现代经理人是一致的。伴随着工业文明的兴起，法国学者萨伊率先提出了"职业经理人（professiaonal manager）"的概念，他认为职业经理人是可以凭借自身职权从而最大程度整合企业内经济资源、提高企业生产率和产量能力的高层人员，强调职业经理人卓越的业务能力。专家学者也认可职业经理人对企业发展的重要性。James Burnham 认为，随着社会经济的发展，企业所有者直接管理企业的运行将会越来越不适应企业发展的需要，具有专业化管理能力的经理人必将取代企业所有者管理企业[1]。Bartlett 认为职业经理人是企业不可或缺的最重要、最核心的资源，而且分析了职业经理人所需要的基本能力[2]。

虽然职业经理人的重要性得到广泛认可，但是学术界至今未形成普遍认可的定义。美国哈佛大学教授约翰认为职业经理人是能够发起变革、设计变革和组织变革的人[3]。钱德勒则认为以管理作为其终生职业并已经成为负责经营大型多单位企业的人就是职业经理人[4]。中外管理学研究领域的学者从不同研究视角，不断拓展职业经理人概念的内涵。从产权理论角度看，职业经理人是指在所有权和经营权分离的企业中承担财产保值增值责任，全面负责企业经营管理，对企业财产拥有经营权和管理权，以年薪、股权等作为主要报酬方式的职业化经营管理专家。从管理角度看，职业经理人是指以经营管理企业为职业，深谙经营管理之道，通过发挥自身管理经验和管理专长来实现自身价值、推进资产保值增值的专职管理者。从人力资源角度看，职业经理人是一种稀缺

---

[1] James Burnham. The Managerial Revolution [M]. Bloomington and London: Indiana University Press, 1941.

[2] Bartlett C. A., Ghoshal S.. What is a Global Manager? [J]. Harvard Business Review, 1992, 70 (5): 124 – 132.

[3] John P. K.. Leading Change [M]. Harvard Business School Press, 1996.

[4] （美）小艾尔弗雷德·D·钱德勒. 看得见的手——美国企业的管理革命 [M]. 北京：商务印书馆，1987.

性人力资本，他们通常拥有很高的职业素养、职业精神和职业道德，是以企业经营管理为终身职业的相对稀缺的人力资源群体。职业经理人一般是团队的核心和带头人，有管理职能和管辖团队的职责。2021年，国家市场监督管理总局和国家标准化管理委员会联合发布的《职业经理人相关术语》（GB/T 26999—2021），认为职业经理人"受聘于企业，担任不同层级的领导和管理职务，承担相应的义务和责任，从事运营管理活动，以此为职业"。

3. 职业经理人的特征

虽然职业经理人的定义没有统一，但是对职业经理人的特征的认识是趋同的。职业经理人在管理工作中的特征主要表现为以下五点。

第一，职业性。作为一种职业，"经理"具有代表性和广泛性。代表性是指通过从事管理工作可以满足生活需求。广泛性是指以管理为核心工作内容的岗位广泛而稳定的存在，如公司中的总经理、副总经理、财务总监等管理职位。职业经理人作为以经营管理企业为职业的人，应该满足职业化要求，例如良好的职业道德、职业素养和专业知识等。

第二，专业性。职业经理人面对动态复杂的企业内外部经营环境，必须具备满足工作要求的专业化能力，例如现代经营管理理念、管理知识和技巧、特定行业的专业知识和专业管理经验等，体现出能够从事企业管理工作的专业化特征。

第三，市场化。经理人的职业化源于经理人的市场化，只有在市场竞争中才能体现出职业经理人的人力资本价值。职业经理人是社会化的公共资源，应当按照市场化规律在职业经理人市场中有序流动，寻求自己适合的位置；通过契约化方式与企业所有者签订工作合同，明确工作职责，获取相应薪酬、权利和地位等回报。

第四，代理性。职业经理人的工作是接受企业所有者委托，通过代理方式经营管理企业。从企业所有者视角，职业经理人是雇员；从一般员工视角，职业经理人是雇主，职业经理人是企业的直接管理者，在授权范围内有权决定一般员工去留。职业经理人与企业所有者是委托代理关系。由于委托人与代理人存在信息不对称，代理人为了自身利益很可能做出侵害委托人的行为，出现"委托代理问题"。

第五，风险性。职业经理人面临较高的职业风险，必须具有较强的风险承受能力。在市场经济环境中，职业经理人必须有效应对来自企业内外部各方面的风险，如政策风险、经营风险、财务风险、决策风险以及解聘风险等。这就需要职业经理人具有顽强的意志和过硬的专业能力，勇于承担工作责任，完成企业所有者效益最大化的发展目标。

专栏

全球第一 CEO 杰克·韦尔奇

通用电气前 CEO 杰克·韦尔奇被誉为"最受尊敬的 CEO""全球第一 CEO""美国当代最成功、最伟大的企业家"。美国《财富》杂志编辑曾将杰克·韦尔奇称为"20 世纪的世纪经理人"，华尔街日报则评论称："他几乎重新定义了美国企业的面貌。"

从 1981 年 45 岁的杰克·韦尔奇成为通用电气历史上最年轻的 CEO 到 2001 年退休，杰克·韦尔奇执掌通用电气 20 年，一手缔造了通用电气的辉煌。在他的领导下，通用电气市值从 120 亿美元增至超 4100 亿美元（市值一度超过 6000 亿美元），成为全球市值最高的公司之一，仅次于微软，也从全美上市公司盈利能力排名的第十位上升为全球第一梯队的超级巨头。他将仅有照明、发动机和电力3个事业部在市场上保持领先地位的通用电气，发展到12个事业部成为行业领先者（其中9个事业部入选《财富》500强）的世界超级巨头公司，被《财富》杂志连续3年评选为"全美最受推崇公司"。

在通用电气担任CEO期间，杰克·韦尔奇总结了许多让后来者受益匪浅的管理名言，他的管理经验被誉为"CEO圣经"，其中最经典的管理经验主要包括以下四点。

第一，"数一数二"理念。杰克·韦尔奇在公开发言中表示，"坚持在自己所进入的每一个行业中都做到数一数二的位置，无论是在精干、高效，还是在成本控制、全球化经营等方面都是数一数二""成为数一数二的企业绝不仅仅是一个目标，而是实实在在的要求"。他曾经将"数一数二"经营理念生动描述为"不能满足做小池塘的大鱼，要从小池塘里跳出来，到大池塘里做一条小鱼，然后成长为大池塘里的大鱼"。杰克·韦尔奇在通用电气积极推动这个理念，作为首席布道师，他每到一个地方都要反复宣讲"数一数二"的要求，一遍又一遍，讲得自己口干舌燥，嗓子冒烟，直到提到这几个字就有点作呕。

第二，"三环"战略。杰克·韦尔奇认为，只有在市场上领先于对手的企业，才能在全球竞争激烈的市场中立于不败之地。为使通用电气成为"数一数二的企业"，他设计了著名的"三环"战略，推动业务线改革。1983年，在一次鸡尾酒会上，杰克·韦尔奇在餐巾纸上画了三个圆圈，分别代表公司的三大类业务：核心生产、技术以及服务。在深入分析的基础上，他将具备"数一数二"条件的事业部门按照业务类别放入"三环"，并继续保留"三环"内的业务，出售或者关闭"三环"之外的业务。在短短几年时间里，杰克·韦尔奇出售了通用电气200多个下属公司，将数百个事业部缩减为不到20个，卖掉了近百亿美元的资产。为此，他获得了著名的"中子弹杰克"绰号。

第三，"活力曲线"管理法。杰克·韦尔奇认为通过竞争淘汰能够有效激发员工极限能力，并基于这个理念自创了"活力曲线"，将组织中的员工分成A、B、C三类。最好的A类员工占20%，他们不仅自身充满活力、思想开阔、勇于任事，而且能够带动周边的人，高效率完成工作任务。中间状态的B类员工占70%，他们只是比A类员工略微少了工作激情。他们是通用电气公司中最大的群体，承担了公司中最多的工作量，也是公司经营成败的关键。最差的C类员工占10%，他们不仅不胜任本职工作，常常完不成工作任务目标，还习惯性地打击别人，破坏团队工作氛围。杰克·韦尔奇认为，合格高管需要实时掌握A类和C类员工的个人信息和工作情况，及时奖惩：为A类员工提供更多激励和升迁的机会；随时准备开除C类员工，不能在他们身上浪费时间。这就是现在的"末位淘汰"制度，一度成为民营企业争相效仿的对象。杰克·韦尔奇认为"活力曲线"管理法是给通用电气带来无限活力的重要法宝。

第四，"六西格玛"管理法。1986年，摩托罗拉公司首次提出"六西格玛"管理概念，用于控制生产过程，降低次品率。20世纪90年代中期，杰克·韦尔奇认为"六西格玛"能够帮助通用电气建立伟大的领导团队。他引入"六西格玛"管理方法，并在全面质量管理理念上进行了系统优化，使它从一种全面质量管理方法演变为高度有效的企业流程设计、改善和优化的技术，并提供了一系列相匹配的新产品开发工具，更适合当时制造企业的管理流程。通过完善"六西格玛"管理方法，有效降低了产品质量缺陷，让通用电气的产品能更快地走向市场，建立客户忠诚度。推行"六西格玛"管理以后，通用电气营业收入开始呈现指数型增长。在杰克·韦尔奇的倡导下，"六西格玛"管理方法逐步发展为以顾客为主体确定企业战略目标和产品开发设计的标尺，进而演化为一种管理哲学，成为全世界追求卓越管理企业的重要管理工具之一，彻底走向全球。当时的世界500强企业大部分使用"六西格玛"管理方法。

杰克·韦尔奇通过努力创造了通用电气和个人职业经理人生涯的双重奇迹，他的人生轨迹也成为美国梦的象征，他也获得了丰厚的回报。在物质方面，他在2001年退休的时候，获得了创纪录的4.17亿美元退休金，而且通用电气一直为他的退休生活买单，包括高级公寓、公务飞机、乡村俱乐部会员等。在精神方面，他的经营管理理念受到全球企业家们的热捧，其著作《杰克·韦尔奇自传》被称为"CEO们的圣经"，全球首席执行官和职业经理人几乎人手一本。

（二）混合所有制企业职业经理人的概念

1. 混合所有制企业职业经理人产生的背景

国有企业是中国特色社会主义的重要物质基础和政治基础，是党执政兴国的重要支柱和依靠力量，必须做强做优做大。混合所有制企业也是国有经济的重要载体、公有制的重要实现形式、社会主义制度属性的重要保证，做强做优做大混合所有制企业对于坚持和完善社会主义基本经济制度、坚持和发展中国特色社会主义的意义重大。

混合所有制企业发展的好坏，关键要看经营管理人员的能力水平。俗话说，专业的事交给专业的人。职业经理人作为企业管理方面的专业化和职业化人才，在推动混合所有制企业高质量发展方面起着至关重要的作用，是强做优做大混合所有制企业的关键所在。引入职业经理人，能够有效激发经营管理层活力和创造力，提升他们干事激情，增强混合所有制企业组织活力和效率。混合所有制企业生产力高度发展、所有权和经营权分离、现代企业制度完善，是打造职业经理人队伍的基本条件。

党中央高度重视国有企业职业经理人工作，出台了多项适用于混合所有制企业加强职业经理人队伍建设的制度。1978年，党的十一届三中全会提出，中国经济管理体制权力过于集中，应该按经济规律办事，重视价值规律的作用，推动了国有企业职业经理人的发展。1993年，《中华人民共和国公司法》正式颁布，明确规定了"经理"的产生方式和职权范围，首次赋予了经理较为明确和完整的管理权，为职业经理人的成长释放了空间。2002年，《2002—2005年全国人才队伍建设规划纲要》指出"建设一支职业经理人队伍"。2010年，国务院印发《国家中长期人才发展规划纲要（2010—2020）》指出，"以提高现代经营管理水平和企业国际竞争力为核心，以战略企业家和职业经理人为重点，加快推进企业经营管理人才职业化、市场化、专业化和国际化，培养造就一大批具有全球眼光、市场开拓精神、管理创新能力和社会责任感的优秀企业家和一支高水平的企业经营管理人才队伍"。

2. 混合所有制企业职业经理人的内涵

《"双百企业"推行职业经理人制度操作指引》对国有企业职业经理人给出了明确的定义：按照"市场化选聘、契约化管理、差异化薪酬、市场化退出"原则选聘和管理的，在充分授权范围内依靠专业的管理知识、技能和经验，实现企业经营目标的高级管理人员；其范围主要包括总经理、副总经理、财务负责人和按照公司章程规定的其他高级管理人员。根据国有企业职业经理人选聘和管理原则，职业经理人不属于组织任命的干部，因此本研究认为混合所有制企业职业经理人是指在董事会有选聘权和管理权的高级管理人员范围内非组织任命的高级管理人员，包括总经理、副总经理、财务负责人和按照公司章程规定的其他高级管理人员。而且，混合所有制企业的职业经理人应是具备高水平经营管理知识和才能的高级管理者，作为稀缺的人力资本，他们能够根据企业内外部经营环境合理地配置资源，组合生产要素，推动业务创新发展，为企业不断创造财富。

3. 混合所有制企业职业经理人的特征

不同于其他所有制企业，混合所有制企业应具有国有企业的性质与使命，兼具政治、经济和社会属性。因此，混合所有制企业对职业经理人的政治品格、社会责任、选聘来源等有特殊的管理要求。

第一，政治品格。混合所有制企业职业经理人需要具有较高的政治素养，在日常工作中坚持党的领导及党管干部的原则，贯彻落实党的路线方针政策、党中央重大决策部署，提升政治能力，接受党的纪律监督。

第二，社会责任。坚持以可持续发展为核心，将社会责任与企业运营有机融合。要在努力创造经济价值、实现自身发展的同时，管理好企业运营对利益相关方的影响，有效利用资源，保护生态环境，坚持以人为本，促进社会和谐，最大程度地创造经济、社会和环境的综合价值；同时，将社会责任融入企业战略、治理和日常经营，全面改进、丰富和完善各项制度和管理体系，促进企业不断优化管理，提升管理水平。

第三，选聘来源。混合所有制企业市场化选聘职业经理人有两个途径，一种是像其他所有制企业一样，直接从企业外部引进职业经理人；另一种是将内部领导人员转化为职业经理人，彻底实现"身份转换"。混合所有制企业内部领导人员既不是政府官员，也不是职业经理人，是兼具两者特征的企业高管。

（三）混合所有制企业职业经理人制度

1. 混合所有制企业职业经理人制度的产生

职业经理人的出现是社会分工的结果，随着越来越多企业尝试引入职业经理人弥补企业管理能力不足并获得分工优势，职业经理人机会主义行为、逆向选择侵害企业利益等问题逐步显现出来。

混合所有制企业所有者和职业经理人之间是典型的委托代理关系，各自追求的目标并不完全相同。企业所有者希望企业利益最大化；职业经理人从事的只是一份职业，只是经济收入、社会地位的来源，其谋求的是自身利益的最大化。由于存在信息不对称和高昂的交易信息获取成本，企业所有者无法通过完全契约控制职业经理人的全部经营管理行为，从而引发代理风险。在《国富论》中，亚当·斯密曾经指出，让经理人管理股东财产，会产生疏忽、懒惰、为自己利益而不是为股东利益考虑的弊端。很难期望他们带着同样焦虑的警惕心来关心他人的资金。例如，职业经理人在经营企业的过程中，有可能偏离企业所有者的目标要求，做出损害企业所有者利益的行为。美国能源业巨头安然公司曾经是世界上最大的电力和天然气交易商。2001年，安然公司经理层为了报表上的盈利链而走险，甚至一起系统化地进行财务造假，虚报利润，掩盖巨额债务，被发现后突然倒闭。历史上，美国环球电信、甲骨文、美国在线时代华纳等著名上市公司都出现过经理层高管财务造假问题。

随着社会分工不断专业化和企业规模不断扩大，职业经理人的经营管理工作日益复杂，需要进一步加强对职业经理人的管理。职业经理人制度是提升混合所有制企业职业经理人管理水平的重要手段，通过一套激励约束制衡机制，规范职业经理人的行为，使职业经理人与企业所有者利益目标一致，减少委托代理风险。

2. 混合所有制企业职业经理人制度的概念

混合所有制企业存在所有者缺位、委托代理层次多、激励机制不足、约束机制弱化等问题，导致在引入职业经理人过程中，面临着更为严重的委托代理风险问题。要"用好"职业经理人，就需要建设职业经理人制度，明确职业经理人与所有者彼此间的权利和义务，以保证他们共同推动企业的发展，避免职业经理人或所有者为了个人利益而损害别人的利益❶。混合所有制企业不断探索科学合理的职业经理人制度，激励和约束职业经理人行为，让职业经理人共同遵守制度规则，引导职业经理人维护国有企业利益，推进混合所有制企业高质量发展。

党和政府高度重视国有企业职业经理人制度建设工作，先后出台了一系列支持政策，也提出了具体工作要求。2013年，党的十八届三中全会提出，"推动国有企业完善现代企业制度""建立职业经理人制度"。作为现代企业制度的重要组成部分，职业经理人制度成为完善国有企业治理结构的重要路径之一。其

---

❶ 郑和娟，刘建民. 论公司治理结构中职业经理人制度建设［J］. 财会通讯，2014（6）：99–101.

后,陆续出台了《中共中央办公厅印发〈关于在深化国有企业改革中坚持党的领导加强党的建设的若干意见〉的通知》《关于深化人才发展体制机制改革的指导意见》《中央企业领导人员管理规定》《"双百企业"推行职业经理人制度操作指引》等政策。这些政策文件对建立和完善混合所有制企业职业经理人制度提供了重要指引,尤其鼓励在充分竞争领域,人力资源市场化程度较高、法人治理结构相对健全、董事会职权落实到位的混合所有制企业尽快推行职业经理人制度。

在党中央的领导下,混合所有制企业正在大力推进职业经理人制度建设工作,包括选聘管理机制、契约管理机制、薪酬管理机制、培养管理机制、退出管理机制、监督管理机制等一系列制度规则。除了微观层面的行为规范,混合所有制企业也在研究推进宏观社会层面的制度规范建设,例如如何加强职业经理人市场建设、如何制定职业经理人的信用体系、如何推进职业经理人相关法律制度建设。

3. 混合所有制企业职业经理人制度的特点

第一,坚持党的领导核心地位。坚持党的领导是混合所有制企业制度的特征,指明了完善混合所有制企业职业经理人制度的方向。

2016年10月,习近平总书记在全国国有企业党的建设工作会议上的讲话指出,国有企业是中国特色社会主义的重要物质基础和政治基础,是党执政兴国的重要支柱和依靠力量。坚持党对国有企业的领导是重大政治原则,必须一以贯之;建立现代企业制度是国有企业改革的方向,也必须一以贯之。混合所有制企业职业经理人制度是党组织领导下的符合现代企业制度要求的职业经理人制度,既要发挥党组织在混合所有制企业职业经理人制度建设中的领导核心和政治核心作用,又要将党的领导融入混合所有制企业职业经理人制度体系的各个环节，明确和落实党组织在混合所有制企业职业经理人制度体系的法定地位，做到组织落实、干部到位、职责明确、监督严格，支持董事会和经理层等行使法定权力，推进混合所有制企业职业经理人制度建设的各项工作。

第二，遵守党管人才原则。"党管人才"是中国共产党长期坚持的一项重要原则，是提高党的执政能力、完善党的坚强领导的重要组织保证。只有坚持党管人才的原则，才能保证党组织在混合所有制企业职业经理人制度建设过程中的领导权，进而发挥领导核心和政治核心作用，保证混合所有制企业职业经理人制度建设的正确方向，保证在完善混合所有制企业职业经理人制度过程中贯彻落实党的路线、方针、政策。

第三，经理层控制权不断增强。国有企业混合所有制改革是一个不断简政放权的过程，目标是加快形成反应灵敏、运行高效、充满活力的市场化经营机制，提高国有企业的活力和经营效率。随着国家对混合所有制企业直接管理的放权，混合所有制企业要在市场竞争中求生存求发展，必须不断增加经理层对企业经营活动的控制权和生产性资源的配置权。

第四，强化监督体系。国有企业混合所有制改革意味着企业与市场经济深入融合。在对职业经理人放权、完善激励机制的同时，也构建了系统化监督体系，不断增加监督力度。一方面，构建混合所有制企业内部监督体系。充分发挥混合所有制企业党组织、董事会、监事会、纪检监察、巡视、财务、审计、工会等部门的监督力量，完善规章制度，优化监督流程，构建多部门联动监督体系。坚持以预防和事前监督为主，建立健全提醒、诫勉、函询等制度办法，及早发现和纠正不良行为倾向。另一方面，用好混合所有制企业外部社会监督力量。借助外部巡视和纪检监察力量，加强监督混合所有制企业职业经理人制度建设工作；依法依规，通过网络信息平台及时披露职业经理人违规信息，接受社会舆论监督。

第二节 混合所有制企业职业经理人制度的基本理论

在对相关文献梳理的基础上，从历史脉络演化的角度，混合所有制企业职业经理人制度的相关基本理论包括国有企业混合所有制改革相关理论、委托代理理论、不完全契约理论、人力资本理论、管理层权力理论。以下详细阐述这五个基本理论及其启示。

（一）混合所有制改革相关研究

1. 混合所有制经济的内涵

通过研究欧美国家在第二次世界大战之后快速而持续发展的过程，美国著名经济学家保罗·萨缪尔森较早提出了混合经济的概念，即市场和政府两只手混合使用的第三条发展道路。

改革开放40多年来，我国所有制经济结构发生了深刻变化：从"单一所有制经济"到"多种所有制经济并存"，再到"混合所有制经济"。混合所有制经济是我国经济体制改革的一个特殊用语，也是国有企业改革的一个特定术语❶。国有资本、集体资本、非公有资本等交叉持股、相互融合的混合所有制经济，是基本经济制度的重要实现形式，有利于国有资本放大功能、保值增值、提高竞争力，有利于各种所有制资本取长补短、相互促进、

---

❶ 季晓南. 论混合所有制经济的内涵、意义及发展路径［J］. 北京交通大学学报（社会科学版），2019（4）：8-26.

共同发展。混合所有制经济的概念有宏观和微观上的区别。在宏观层面，混合所有制经济是指国家的国有经济结构由性质不同的所有制经济成分组成❶，属于经济运行层次的范畴。我国以公有制经济为主体、多种所有制经济共同发展的基本经济制度就是宏观意义的混合所有制经济❷。在微观层面，混合所有制经济是指在同一个经济组织中，由不同所有制的产权主体通过参股、控股等交叉持股方式发展而成的一种经济形式❸，其优势在于能够在企业内部实现社会主义与市场经济的有机结合。例如，作为公有制与非公有制相结合的产物，股份制企业是混合所有制经济的一种典型形态。作为一种资本的组织方式，微观层面的混合所有制经济关注所有权与经营权相分离的混合所有制企业。

综上所述，混合所有制经济能有效维护市场效率与社会公平之间的平衡，与私有资本相比，其主导的市场经济体制效率更高。

2. 国有企业混合所有制改革的动因

混合所有制改革主要是指微观层面的国有企业改革，以产权多元化为起点，通过"混资本"方式，进一步完善现代企业制度，充分发挥各种所有制资本的优势，放大国有资本功能，提高国有企业竞争力。在新时代，国有企业推行混合所有制改革，是深化国有企业制度与体制改革的结果，也是探索公有制经济与市场经济相融合的结果，有利于提高国有企业竞争力，有助于国有资本保值增值，对整个国民经济高质量发展具有全局性的战略

---

❶ 荣兆梓. 发展混合所有制经济视角的国有经济改革新问题 [J]. 经济纵横，2014 (9): 71–74.

❷ 黄群慧. 新时期如何积极发展混合所有制经济 [J]. 行政管理改革，2013 (12): 49–54.

❸ 常修泽. 新阶段国企发展混合所有制经济的推进方略研究 [J]. 经济社会体制比较，2017 (6): 4–7.

意义。

具体而言，国有企业混合所有制改革有以下三个动因。

(1) 履行国有企业的责任与使命

中国特色社会主义进入新时代，必须始终坚持以人民为中心，不断促进人的全面发展，实现全体人民共同富裕。但是，中国经济社会发展不平衡、不充分的问题尚未完全解决。国有企业是中国特色社会主义的重要物质基础与政治基础，必须承担起全体人民实现共同富裕的责任与使命。国有企业混合所有制改革是实现"国民共进"、全民共享改革发展成果、共同富裕的重要途径之一。国内外学者研究显示：一般情况下，当国有资本和非国有资本各占一定比例的时候，才是最优的市场结构，才能实现社会福利最大化。通过混合所有制改革引导非公资本参与改变国有企业产权结构，扩大社会资产进入领域，能够提升企业运行效率，同时提升国有资本和非公资本收益。混合所有制改革是协调各种利益的现实选择，有利于协调不同市场主体的经济利益，有助于优化收入和分配结构，实现人民共享社会发展成果。

(2) 提升国有企业的经营效率

国有企业通过混合所有制改革，提升经营效率，实现高质量发展，推动国企做强做优做大。一是提升资源配置效率。通过混合所有制改革，可以以资本为纽带，引入非国有企业灵活的市场经营机制，优化资源配置，聚焦市场化经营目标，健全市场化经营机制。二是提高创新能力。创新具有风险高、周期长、投入大等特点，国有企业虽然拥有丰富的创新资源，但是创新动力不足的问题一直没有得到妥善解决。民营企业创新意愿虽然强烈，但是缺乏创新资源。通过混合所有制改革，可以将国有资本的资源优势和非国有资本的创新动力有机结合，有效降低创新风险，提升科技创新的层次。三是提升投资效率。受到预算软约束、激励机制不完善等影响，国有企业投资效率不高。通过混合所有制改革,增加非国有股东的话语权,能够缓解委托代理问题,增强激励机制对经理层的引导,提高投资决策的科学性,提升投资效率。此外,通过混合所有制改革,还能吸收非国有资本,提高企业资金实力,增强投资风险抵抗能力。

(3) 提高国有企业的公司治理能力

股权结构对公司治理发挥着重要作用。国有企业通过优化股权结构,完善企业经营机制,提升公司治理能力,做大做优做强国有经济。通过混合所有制改革构建多元合理的股权结构,有助于提升国有企业的治理水平和经营业绩,主要有两方面原因。一方面,股权多元化有利于股东之间相互良性制衡,加强防范内部控制和监管失效等问题。另一方面,股权多元化有利于解决国有企业所有者缺位问题,减少委托代理关系中的道德风险。

总之,国有企业混合所有制改革通过实现多元化股权结构,引入市场化经营机制,完善法人治理结构,推动企业协调运转,有助于提升企业运行效率,夯实社会主义市场经济基础。

3. 国有企业混合所有制改革的实践历程

20世纪80年代以来,中国混合所有制经济取得了长足发展,为中国经济体制改革做出了重大贡献,整个发展历程主要包括初步探索、纵深推进和全面深化三个阶段。

(1) 以邓小平南巡讲话为起点的初步探索阶段

1984年,北京市成立中国第一家股份制企业——北京天桥百货股份公司,拉开了国有企业实行股份制改革的序幕。受到当时政策因素限制,这种经济形式并没有发展起来。直到1992年,邓小平同志的南巡讲话,为混合所有制经济的快速发展奠定了政策基础。1992年,党的十四大确定了建立社会主义市场经济体制的目标,提出"以公有制包括全民所有制和集体所有制经济为主体,个体经济、私营经济、外资经济为补充,多种经济成分长期共同发展，不同经济成分还可以自愿实行多种形式的联合经营"，肯定了不同经济成分多种形式"联合经营"的发展模式。1993年，党的十四届三中全会颁布的《中共中央关于建立社会主义市场经济体制若干问题的决定》指出，"随着产权的流动和重组，财产混合所有的经济单位越来越多，将会形成新的财产所有结构"。这里提出"财产混合"的新概念，拓展了混合所有制经济的政策空间，但是尚未使用"混合所有制经济"这一名词。1997年，党的十五大报告指出，"公有制为主体、多种所有制经济共同发展，是我国社会主义初级阶段的一项基本经济制度。公有制经济不仅包括国有经济和集体经济，还包括混合所有制经济中的国有成分和集体成分"。这是第一次正式使用"混合所有制经济"概念，也明确了股份制是公有制经济的主要实现形式。在十五大精神的指导下，国有企业混合所有制改革迈开了步伐。1999年，中共十五届四中全会通过的《中共中央关于国有企业改革和发展若干重大问题的决定》对国有企业推进混合所有制改革提出明确要求，强调"国有大中型企业尤其是优势企业，宜于实行股份制的，要通过规范上市、中外合资和企业互相参股等形式，改为股份制企业，发展混合所有制经济，重要的企业由国家控股"。

（2）以十六大为起点的纵深推进阶段

2002年，党的十六大报告指出，"除极少数必须由国家独资经营的企业外，积极推行股份制，发展混合所有制经济"。2003年3月，国务院国有资产监督管理委员会成立，为深入推进国有企业混合所有制改革提供重要支撑。2003年10月，党的十六届三中全会颁布的《中共中央关于完善社会主义市场经济体制若干问题的决议》从进一步增强公有制经济活力的视角，指出"大力发展国有资本、集体资本和非公资本等参股的混合所有制经济，实现投资主体多元化，使股份制成为公有制的主要实现形式""建立归属清晰、权责明确、保护严格、流转顺畅的现代产权制度,有利于各类资本的流动和重组,推动混合所有制经济发展"。2007年,党的十七大报告提出"以现代产权制度为基础",为混合所有制改革在实践中快速发展提供了土壤。

（3）以十八大为起点全面深化阶段

2013年,党的十八届三中全会通过的《中共中央关于全面深化改革若干重大问题的决定》第一次明确指出"积极发展混合所有制经济"概念,强调"国有资本、集体资本、非公有资本等交叉持股、相互融合的混合所有制经济,是基本经济制度的重要实现形式""允许更多国有经济和其他所有制经济发展成为混合所有制经济。国有资本投资项目允许非国有资本参股。允许混合所有制经济实行企业员工持股,形成资本所有者和劳动者利益共同体""鼓励非公有制企业参与国有企业改革,鼓励发展非公有资本控股的混合所有制企业,鼓励有条件的私营企业建立现代企业制度"。至此,混合所有制经济成为"基本经济制度的重要实现形式",上升到制度层面高度,国有企业混合所有制改革也进入全面深化阶段。2015年,中共中央、国务院印发《关于深化国有企业改革的指导意见》从顶层设计视角指导国有企业推进混合所有制改革,要求"以促进国有企业转换经营机制,放大国有资本功能,提高国有资本配置和运行效率,实现各种所有制资本取长补短、相互促进、共同发展为目标,稳妥推动国有企业发展混合所有制经济。对通过实行股份制、上市等途径已经实行混合所有制的国有企业,要着力在完善现代企业制度、提高资本运行效率上下功夫;对于适宜继续推进混合所有制改革的国有企业,要充分发挥市场机制作用,坚持因地施策、因业施策、因企施策,宜独则独、宜控则控、宜参则参,不搞拉郎配,不搞全覆盖,不设时间表,成熟一个推进一个。改革要依法依规、严格程序、公开公正,切实保护混合所有制企业各类出资人的产权权益，杜绝国有资产流失"。2017年，党的十九大报告中指出"深化国有企业改革，发展混合所有制经济，培育具有全球竞争力的世界一流企业"，对混合所有制企业国际竞争力的要求提到了一个新高度。2019年，为深入贯彻落实党中央、国务院关于积极发展混合所有制经济的决策部署，稳妥有序地推进混合所有制改革，国务院国资委在总结中央企业混合所有制改革工作的基础上，制定了《中央企业混合所有制改革操作指引》，明晰了中央企业所属各级子企业通过产权转让、增资扩股、首发上市（IPO）、上市公司资产重组等方式，引入非公有资本、集体资本，实施混合所有制改革关键环节的操作要点。2020年，《国企改革三年行动方案(2020—2022年)》要求积极稳妥深化混合所有制改革。

截至2022年6月，国有企业改制重组引入各类社会资本超过2.5万亿元，中央企业和地方国有企业混合所有制企业户数占比分别超过了70%和54%，一大批企业以混促改，完善公司治理，提高规范运作水平，深度转换机制，活力和效力显著提高❶。

4. 国有企业混合所有制改革的主要路径

国有企业混合所有制改革主要采用增量模式，对产权市场和资本市场发育程度、企业盈利能力和规模的要求都不高。在深入研究大量案例的基础上，专家、学者将混合所有制改革路径归纳为并购重组、整体上市、员工持股三种主要模式。

第一，并购重组。并购重组是推进国有企业混合所有制改革的重要手段。并购与重组是两个有共性也有差异的概念，并购重点强调公司股权结构的变动，重组则关注企业对资产、负债、业

---

❶ 中共中央宣传部."中国这十年"系列主题新闻发布会［EB/OL］. https：//baijiahao. baidu. com/s? id = 1735864407957349521&wfr = spider&for = pc.

务的调整。企业并购是指公司间的兼并和收购[1]，其中兼并是指两家或两家以上的公司，在双方经营者同意并在股东支持的情况下，按照法律程序进行合并，原公司的权利和义务由存续公司或新成立公司承担；收购是指企业为了获得目标公司的控制权，通过现金、股票或者债券等资产购买目标公司的资产或股票的行为。常见的并购类型包括三类：双方业务类型相同的横向并购、双方处于产业链上下游的纵向并购、双方业务不同但可以共享技术的混合并购。重组是指在公司日常经营活动之外，上市公司通过购买、出售资产，对公司资产和负债进行调整，显著改变企业组织形式、资产构成、经营范围以及经营方式的计划实施行为[2]。综合上述两者定义，国有企业并购重组是指国家拥有所有权或控制权的企业为提升经营绩效，通过购买、剥离或出售资产等方式重新整合两个及以上产权主体的行为，具体类型包括体制变革型、生产经营型、资本经营型等。

第二，整体上市。整体上市是指公司的主营业务或公司的核心资产，通过改组为股份公司并公开发行股票，或者从母公司中拆分出的业务通过整合、再融资的方式将母公司的全部业务或主营业务或资产全部上市的行为。在中国企业具体实践中，呈现出A+H、换股IPO、换股吸收合并、反向收购母公司四种模式：一是A+H模式，指同一家集团或者企业在境内和境外不同的资本市场都上市的行为；二是换股IPO模式，指集团与所属企业上市公司公众股东以一定比例换股，吸收合并所属上市公司，并发行新股；三是换股吸收合并模式，指为完成公司上市，通过换股的方式将同一控制下的各上市公司进行吸收合并；四是反向收购母公司模式，指集团上市的子公司向大股东定向增发或者向公众

---

[1] 李维安，郝臣. 公司治理手册［M］. 北京：清华大学出版社，2015.
[2] 董少明. 我国国有企业并购重组：历史演进及发展模式（1984—2018）［D］. 福州：福建师范大学，2020.

股东增发股份融资，收购大股东资产，以实现母公司上市。

第三，员工持股。员工持股是国有企业混合所有制改革的一条重要路径，以公司股权为纽带，把公司利益与员工利益绑定，形成利益共同体，有效激发员工的积极性，从而提高企业的效率，实现多方共赢。党的十八届三中全会通过的《中共中央关于全面深化改革若干重大问题的决定》也指出，"允许混合所有制经济实行企业员工持股，形成资本所有者和劳动者利益共同体"。国有企业员工持股采用增资扩股形式，持股计划包括限制性股票、实股、期权三种股权类型；资金来源主要有员工薪酬、自筹现金、贷款资金等方式；员工持股计划有设立公司管理、委托管理、自行管理三种管理方式。

（二）委托代理理论相关研究

1. 委托代理概念

委托代理理论是职业经理人制度研究中的核心理论，主要研究职业经理人和企业之间利益矛盾所引起的各种代理问题。

1932年，美国经济学家Berle和Means发现企业所有者兼做企业经营者不利于企业的生产经营活动，于是他们提出了"委托代理理论"，提倡所有权与经营权分离，企业所有者作为委托人保留剩余索取权，而将经营权让渡给经营者（即代理人）。1976年，Jensen和Meckling明确了委托代理关系，即一种显明或隐含的契约，根据一个或多个行为主体，指定、雇佣另一些行为主体为其服务，同时授予后者一定的决策权，并根据其提供服务的数量和质量支付相应的报酬。同时，他们还提出了委托关系中"代理成本"概念，即由于企业内部所有者和高层管理者之间的契约安排所产生的企业管理人员不是企业完全所有者的事实，其努力程度具有不完全性，从而导致企业的价值在这种情况下小于其是完全所有者时的价值，基于委托人与代理人的利益不一致，双方信息不对称，契约具有不完全性，由此产生代理成本❶。简而言之，委托代理成本是由代理人的利己性以及委托人和代理人之间的信息不对称而产生的成本❷，主要包含三个部分：监督费用（委托人）、保证费用（代理人）、剩余损失（委托人无法监督而代理人又不能自律下的损失）。

2. 委托代理关系中的"道德风险"和"逆向选择"

在委托代理关系中，由于信息不对称、利益诉求不一致，代理人利用经营管理过程中的信息优势，容易出现以"道德风险"和"逆向选择"为典型特征的不良行为。从企业实践角度，"道德风险"是指职业经理人可利用信息的不对称性、不确定性及契约的不完全性，采取不利于企业所有者的行为❸；"逆向选择"是指职业经理人可利用在事前知晓的不对称信息而采取影响委托人决策或者选择的行为❹。当职业经理人群体中广泛出现"道德风险"和"逆向选择"的时候，企业所有者无法清晰地识别职业经理人的真实信息，例如历史经营业绩、职业道德等，会破坏企业所有者和职业经理人之间的信任基础，进而影响委托人和代理人之间的权利分配。此时，企业所有者不会将企业决策权交给职业经理人，也会大幅度降低职业经理人的人力资本价值。吴炯等论证了职业经理人市场逆向选择的一种极端情况：委托人无法了解代理人的能力，从而根据对职业经理市场能力的均值确定支

---

❶ MC Jensen, WH Meckling. Theory of the Firm: Managerial Behavior, Agency Costs and Ownership Structure [J]. Springer Netherlands, 1976, 3 (4): 305 – 360.

❷ 李锡元，徐闯. 国企实施职业经理人制度的本质、核心和路径 [J]. 江汉论坛，2015 (2): 11 – 15.

❸ 卢现祥. 外国"道德风险"理论 [J]. 经济学动态，1996 (8): 71 – 74.

❹ 刘东林. 制度约束与逆向选择 [J]. 自巧辨证法研巧，2003 (1): 70 – 74.

付的报酬,那些能力较高的职业经理人认为其所得报酬低于其应得报酬,会选择离开市场,使职业经理人市场的平均能力下降[1]。当职业经理人市场存在逆向选择问题的时候,企业所有者容易聘用到综合素质不达标的职业经理人,从而加重对职业经理人群体的负面评价,也很难引入优秀的职业经理人。

3. 委托代理模型

1969年,Wilson最早使用正规数学模型,在严谨的信息假设基础上,分析委托人和代理人之间的激励机制和风险分配机制,成为正式规范理论的开创者[2]。在此基础上,学术界对委托代理模型进行了深入研究,形成四类模型。一是标准委托代理模型。Mirrlees基于委托人与代理人之间存在信息不对称的前提,以"分布函数的参数化法和一阶化方法"为基础,构建了较为严格的标准委托代理模型,研究在满足参与约束与激励相容约束的条件下如何实现委托人效用的最大化[3]。二是修正的委托代理模型。通过"一阶化"法求解标准委托代理模型局部解的时候,无法保证推算出来标准委托代理模型的整体极值。于是,Grossman和Hart修正了标准委托代理模型进而提出"成本收益法",将代理人采取不同行为时的成本与收益均考虑在内,委托人可根据代理人的任何行为制定相应的报酬契约,而且需要分布函数具备单

---

[1] 吴炯,胡培,耿剑锋. 人力资本定价的逆向选择问题研究. 中国工业经济,2002(4): 74-82.

[2] Wilson R.. The Structure of Incentives for Decentralization Under Uncertainty [M]. In La Decision, ed. M. Guibaud. Paris: CNRS 1969.

[3] Mirrlees J.. Notes on Welfare Economics, Information and Uncertainty [M]. In M. Balch, D. McFadden, S. Wu, Essays in Economics Behavior Under Uncertainty, Amsterdam: North-Holland, 1974.

调似然率特征和凸性特征两个条件，才能够使一阶条件有效❶。三是多任务委托代理模型。在企业实际经营环境中，委托人通常会给代理人设定多项任务目标，这些任务有些是协同关系，也有相互矛盾的情况。1994年，针对多任务委托代理问题，Holmstom和Milgrom构建了多任务委托代理模型，假定委托人将不止一项的多项任务委托给代理人执行，但是不可直接观测到代理人在执行各任务时的努力程度，只能以代理人通过努力得到的业绩产出为信号，将报酬在各任务间进行分配，调整激励契约，实现委托人综合效用的最大化❷。四是动态委托代理模型。之前研究的委托代理模型都是静态模型，企业现实经营管理活动中的委托代理关系复杂多变，为此，部分学者构建了动态委托代理模型。1985年，Rader认为如果委托人与代理人能够保持长期的委托代理关系，则委托人可以相对准确地观测代理人的努力水平，且可以实现帕累托一阶最优风险分担和激励，并以此建立重复博弈模型❸。

4. 委托代理理论与混合所有制企业职业经理人制度

混合所有制企业的职业经理人作为代理人，与所在企业（委托人）之间同样存在利益诉求不一致、信息不对称、信息隐藏、道德风险、逆向选择等委托代理问题。这些问题会影响职业经理人与混合所有制企业之间的信任基础，也会制约混合所有制企业推行职业经理人制度的发展进程。

（1）混合所有制企业职业经理人制度要防范委托代理风险。

---

❶ Grossman S. J., Hart O. D.. An Analysis of Principal – Agent Problem [J]. Econometrica, 1983, 51 (1): 7 – 45.

❷ Holmstom B., Milgrom P.. The Firm as an Incentive System [J]. American Economic Review, 1994, 84 (4): 972 – 991.

❸ Rader R.. Repeated Principal – Agent Games with Discounting [J]. Econometria, 1985, 53 (5): 1173 – 1198.

混合所有制企业职业经理人制度中由于委托代理关系而容易引发的风险问题主要表现为以下三个方面。

一是职业经理人短视行为风险。混合所有制企业职业经理人任期有限，其利益回报与其在2~3年聘期内达成的业绩目标高度关联，通过做高短期经营业绩，获取高额报酬，更符合理性代理利益假设。因此，根据委托代理理论，混合所有制企业职业经理人又特别注重其任期内的短期收益动机，追求个人利益最大化，而不是有效整合、利用有限资源，打造"基业长青"的国有企业，从而给混合所有制企业带来潜在风险。

二是职业经理人控制成本风险。由于混合所有制企业所有者与职业经理人利益诉求不统一，容易形成高昂的委托代理成本。从理论视角，由于混合所有制企业所有权分散，存在"集体行动困境"现象，故无法实际控制职业经理人的管理行为，混合所有制企业所有者和职业经理人之间信息不对称现象非常严重。根据委托代理理论，委托人与代理人各自利益最大化的冲突始终存在，职业经理人代理合约无法穷尽所有管理问题，当出现未尽事宜、需要补充合约的时候，会产生高成本费用支出风险。

三是职业经理人与混合所有制企业文化冲突问题。外聘职业经理人的经营理念容易出现与混合所有制企业文化不完全一致的情况，从实践角度，来自民营企业和跨国公司的职业经理人的表现更为明显。混合所有制企业职业经理人负责企业运营管理，信念冲突有时会影响其融入企业经营发展的关键环节和业务水平发挥，进而影响企业绩效。

因此，借鉴委托代理理论研究成果，能够防范职业经理人的机会主义行为，提高职业经理人道德水平，优化混合所有制企业职业经理人制度。

（2）基于委托代理理论，完善混合所有制企业职业经理人制度中的激励约束机制。依据委托代理理论，混合所有制企职业经理人制度的核心是建立有效的激励约束机制，弱化职业经理人代理成本，引导职业经理人行为，确保职业经理人个人目标与企业总体目标相一致，最大化混合所有制企业效益。根据相关研究成果，在激励混合所有制企业职业经理人方面，要考虑层次性，激励方式应该多元化，股票期权、利润共享计划、股票赠与等都应该作为激励手段；在约束混合所有制企业职业经理人方面，可以从董事会、资本市场、法律、政治、规则体制、产品市场等角度设计制约机制。

（三）不完全契约理论相关研究

1. 契约理论的产生

按照西方经济学观点，资源是稀缺的，无法满足人类不断膨胀的欲望，必须约束人们无限制抢占有限资源的行为，才能防止产生大规模冲突。这就需要一种能将彼此之间的对抗和冲突转化为合作的机制，具体表现形式是一套实际可行的协议——契约。作为化解冲突和实现合作的一种重要经济治理机制，契约奠定了社会经济有序运行的基础。

契约理论是近30年来迅速发展的经济学分支之一，主要分析特定交易环境中不同合同人之间的经济行为与结构，研究如何通过契约安排将不同的利益冲突汇集成一致的利益，使得面临不同利益冲突的人们更好地进行合作的问题。该理论核心观点为，在经济交易活动中，受一定契约约束的各参与方的履约成本要与合法收益成正比，主要用于解释契约对于交易的影响作用。契约包括内部契约和外部契约两类。内部契约是指员工与企业、企业股东之间的契约；外部契约是指企业与供应商、客户之间的契约。

2. 不完全契约理论的概念

完全契约是契约理论的研究起点。完全契约，是指契约充分考虑到了各种可能发生的或然事件，以及在各种或然状态下缔约双方的权利和义务，并且合约分歧总能被第三方无成本的仲裁❶。在古典经济学完全理性假设的基础上，借鉴信息不对称理论，完全契约理论通过风险分担机制和收入转移机制等激励工具，解决信息不对称条件下的道德风险问题。完全契约理论假设契约签订双方能够准确预见缔约后每一种可能发生的事件，并在合约中签订一个完全契约，包括详细规定各种偶然事件中双方的权利义务、风险责任、契约履行方式和实现结果等，从而在约束条件下达成最优解。在完全契约理论视角下，企业和市场没有本质区别，产权结构也不重要。

然而，在现实世界的商业活动中，几乎不可能出现理想化的完全契约。契约双方由于在事前的判断常基于主观，无法对未来的不确定性事件做出完全合理的预期，因而呈现出不完全契约的特点，进而导致缔约方机会主义行为所产生的资源配置的帕累托无效❷。假如足够多的不可预测事件在两个平等而知情的交易者之间发生时，契约关系就会变得不稳定，交易者注定要在一个与不完全契约相联系的不确定世界中行事❸。艾伦认为不完全契约的成因包括三个方面，现实世界的不确定性、缔约方的有限理性、缔约存在交易费用❹。在罗斯曼和哈哈特（1986）、哈特和

---

❶ 杨瑞龙. 企业理论：现代观点 [M]. 北京：中国人民大学出版社，2005.
❷ 黄国良. 管理防御、资本结构与公司业绩研究 [D]. 北京：中国矿业大学，2009.
❸ 杰明·克莱因. 契约与激励：契约条款在确保履行中的作用 [M]. 北京：经济科学出版社，1999.
❹ 艾伦·施瓦茨. 法律契约理论与不完全契约 [M]. 北京：经济科学出版社，1999.

莫尔等知名学者共同努力下,构建了完整的不完全契约论,其分析框架为:以合约的不完全性为研究起点,以财产权或(剩余)控制权的最佳配置为研究目的。它是分析企业理论和公司治理结构中控制权的配置对激励和对信息获得的影响的重要分析工具。

在不完全契约理论基础上先后衍生出两个学派,一个是威廉姆森、克莱因和克劳福德等人为代表的"交易费用经济学派",认为企业的边界由交易费用决定,强调对专用型投资的事后保护;另一个是以哈特、格罗斯曼和莫尔等人为代表的"新产权学派",认为企业的边界由产权决定,主要考察在特定交易费用导致的不完全的情况下,如何确保当事人的事前投资激励问题。

3. 不完全契约理论与混合所有制企业职业经理人制度

不完全契约理论是研究混合所有制企业职业经理人制度的重要理论工具。混合所有制企业与职业经理人签订契约既可以划分清楚双方将要获得的利益和需要承担的风险,也有助于达到企业绩效与个人收益最优的均衡状态。同时,职业经理人与混合所有制企业签订有效契约是其开展经营管理工作的前提条件。

国内专家学者运用不完全契约理论进行混合所有制企业职业经理人制度的研究较少,但是对国有企业职业经理人制度的研究非常深入。姜付秀等认为国有企业对职业经理人的显性业绩要求,受到更强的社会监督、更弱的掏空动机,加之诸多非国有企业职业经理人身份的特殊性,使得国有企业职业经理人激励契约较非国有企业更为看重公司的绩效表现;国有企业承担的社会目标尽管增加了职业经理人的在职消费、提高了政治晋升的可能性,但是并没有改变薪酬绩效敏感性和变更绩效敏感性[1]。陈冬华等基于国有企业薪酬总额管理视角,对国有企业职业经理人在

---

[1] 姜付秀,朱冰,王运通. 国有企业的经理激励契约更不看重绩效吗?[J]. 管理世界,2014(9):143-159.

职消费的主要影响因素与薪酬管制的经济后果进行了实证检验，发现：由于薪酬管制的存在，在职消费成为国有企业职业经理人的替代性选择，说明在职消费内生于国有企业面临的薪酬管制约束；与民营企业中内生于公司的薪酬契约相比，国有企业中受到管制的外生薪酬安排缺乏应有的激励效率[1]。张敏等研究了国有企业冗员负担对职业经理人激励机制的影响。研究发现，在国有企业中，冗员负担显著降低了职业经理人的薪酬与企业业绩之间的敏感性，加剧了薪酬的"黏性"程度，促使职业经理人进行了更多的在职消费；但没有证据表明在非国有企业中存在上述现象[2]。吕峻等深入研究了国有企业职业经理人激励和企业过度投资（净现值为负的项目）之间的关系。研究发现：职业经理人薪酬和公司过度投资水平呈"U"形关系，职业经理人薪酬在一定范围内具有激励作用，和过度投资成反比关系，但是超过一定范围，则和过度投资成正比关系；国有企业特别是竞争性国有企业，管理层超额薪酬和过度投资之间成正比关系；没有发现国有公司的股权激励和过度投资之间存在显著的相关关系，主要原因可能是由于管理层股权激励强度相对来说仍很低，激励效果总体来说不明显，或者国有企业管理层实施股权激励动机混杂（可能有激励、福利和奖励三种目的），不同动机的股权激励后果可能会相互抵消[3]。他们还认为要放松国有企业职业经理人的薪酬管制，需要进一步厘清政企关系，减轻政府对于国有企业投资等方面的显性或隐性干预（或政策扶持），避免将职业经理人升迁和企业规模挂钩。在此基础上，通过强化监督机制和建立市场化的

---

[1] 陈冬华，陈信元，万华林. 国有企业中的薪酬管制与在职消费[J]. 经济研究，2005（2）：92-101.

[2] 张敏，王成方，刘慧龙. 冗员负担与国有企业的高管激励[J]. 金融研究，2013（5）：140-151.

[3] 吕峻. 股权性质、管理层激励和过度投资[J]，经济管理，2019（9）：160-174.

选人用人机制，使职业经理人能够实质性地承担投资失败的后果，放松薪酬管制，实施市场化的薪酬机制。这一点对于政府正在逐步放松管制的竞争性行业的国有企业尤其重要。鄢伟波等支持在当前经济社会环境下对国有企业职业经理人薪酬进行限制，当前是否对国有企业职业经理人给予市场化薪酬，仍需要慎重对待[1]。

基于现有研究成果，借鉴不完全契约理论，设计出合理有效的混合所有制企业职业经理人薪酬制度，满足职业经理人与混合所有制企业签订契约的利益诉求，提升混合所有制企业经营绩效，最大化混合所有制企业股东利益。

4. 推进职业经理人制度的关键在于契约化管理

混合所有制企业职业经理人制度通过法律认可的契约条款，达成委托代理双方都认可的"权、责、利"关系体系，从而形成相对稳定的工作信任关系。因此，契约精神是混合所有制企业职业经理人制度建立和正常施行的基础原则。保证混合所有制企业与职业经理人之间形成良好稳定的契约关系，就要求契约化管理满足三个基本条件：一是签约双方地位平等，公平议价；二是混合所有制企业与职业经理人都具有双向选择性；三是在契约中明确职业经理人的责权利关系，包括经营业绩目标、个人职权、薪酬待遇、奖励机制，等等。只有构建了以"契约化管理"为核心的责权利管理体系，才能使混合所有制企业职业经理人制度规范有效运行。

---

[1] 鄢伟波，邓晓兰. 国有企业高管薪酬管制效应研究——对高管四类反应的实证检验［J］. 经济管理，2018（7）：58-73.

(四) 人力资本理论相关研究

1. 人力资本的概念

在现代经济社会中,人的创造性得到快速发展,人成为生产力中最具决定性的力量。20世纪60年代,美国经济学家舒尔茨和贝克尔首先创立了比较完整的人力资本理论,开辟了关于人类生产能力的崭新思路。他们认为人力资本是最重要的生产资本,人力资本的作用大于物质资本的作用,是体现在人身上的生产知识、生产技能和生产素质的总和,可以在市场中变现。人力资本可分为异质型人力资本、同质型人力资本两种类型,异质型人力资本呈现递增的边际报酬,而同质型人力资本呈现的是边际报酬递减的生产力形态[1]。

对现代企业的生产而言,资金、物料、生产信息等生产性资源是企业进行生产的重要资源,而人是这些资源"活"的体现,是实现这些资源有效管理和协调的核心和关键。与企业中存在的静态性资源不同,人力资本主要具备价值性、增长性和不可剥夺性三大特征[2]。在价值性上,难以直接测量人力资本带给企业的收益,但是通过开发人力资本可以大幅度提升企业效益。在增长性上,人力资本不会随着不断投资开发而贬值折旧,反而会给企业带来几倍甚至几十倍的回报。在不可剥夺性上,企业通过压榨、骗取和掠夺等不合理的方式开发人力资本,都将会破坏人力资本的价值,将开发人力资本的投资变成企业的沉默成本。

---

[1] 丁栋虹,刘志彪. 从人力资本到异质型人力资本 [J]. 生产力研究,1999 (3): 7-9.

[2] Becker G. S.. Human Capital: A Theoretical and Empirical Analysis with Special Reference to Education [D], Chicago: The University of Chicago Press, 1993.

2. 人力资本理论的研究现状

人力资本理论的发展主要可以分为三个阶段。在第一阶段，学术界只关注了人力资本中容易观测到的显性部分，例如生产技术能力、生产知识水平等。在第二阶段，专家、学者将人力资本中更有价值的隐性部分纳入人力资本理论，包括创新精神、态度等。第三阶段处于知识经济时代，计算机技术放大了人的创造性，学者们将人力资本增长性、增值性等问题也纳入人力资本理论研究范围。其中，Paul 将"知识"作为独立因素，通过内生经济增长模型，研究其对经济增长的影响，对人力资本理论具有的较大贡献❶。

国内学者对人力资本理论的研究主要涉及经济学和管理学两个领域。在经济学领域，逯进等根据全国各省市的面板数据，分析了人力资本对于区域经济增长的线性回归关系，论证了人力资本的积累对于经济增长的积极效应❷。在管理学领域，李宝元提出"人力资本运营"的概念，认为人力资本应当与企业的经营管理活动相结合，一方面通过战略性投资不断丰富企业内的人力资本存量，另一方面通过人力资源管理实现有效的人力资本管理和增值❸。

3. 人力资本理论视角下的职业经理人研究现状

彼得·德鲁克认为"经理人是对其他人的工作负有重大责任

---

❶ Paul M. R. Increasing Returns and Long-Run Growth [J]. The Journal of Political Economy, 1986, 94 (5): 1002 – 1037.

❷ 逯进, 苏妍. 人力资本、经济增长与区域经济发展差异——基于半参数可加模型的实证研究 [J]. 人口学刊, 2017, 39 (1): 89 – 101.

❸ 李宝元. 人力资本运营——新经济时代企业经营战略与制胜方略 [M]. 北京: 企业管理出版社, 2001.

的人，也是企业中最昂贵、折旧最快、最需要经常补充的一种资源"❶。职业经理人作为一种特殊的人力资本，他们全面负责企业的经营管理工作，承担领导者、联络者、信息接受者和传播者、发言人、资源分配者等多种角色，必须具备较高的能力素质和知识储备；他们的收益主要受前期学历教育、在职培训等教育投资，历史工作业绩和职业经理人市场中供求关系的影响。人力资本理论对职业经理人的研究重点体现在以下三个方面。

第一，职业经理人的人力资本分类研究。随着社会主义市场经济快速发展，我国企业规模和经营范围不断增加，对职业经理人数量和类型的需求也越来越多。按照职业经理人的人力资本类型分类，企业中的职业经理人可以分为资本运营型、技术型、经营型、专家（顾问）型四类，他们都是企业中的高端稀缺人才❷。一是资本运营型职业经理人。随着资本积累、积聚和集中速度的加快和工厂制度的逐步废止与公司制的兴起，资本使用者或管理者或经营者功能从资本者功能中分离出来，形成了具有资本功能的职业经理阶层。他们的先辈已经完成了资本的原始积累，家族拥有大量的资产，他们自身则继承了家族企业的高层管理者角色，以资本所投向的产业不断创新为己任，长期执行资本运营、增值功能。二是技术型职业经理人。随着生产力的提高和技术的进步，越来越多的专业技术人员担当起经营管理职责，他们具备本专业的技术知识，熟知企业内部的生产过程及产品工艺，了解市场上同类产品的品种、规格和质量以及如何改进产品的性能使之更适应市场的需要，甚至能够改进与提升整个行业的技术水平。美国实业界的许多大企业经营者曾一度由专业技术人

---

❶ （美）彼得·德鲁克. 卓有成效的管理者［M］. 北京：机械工业出版社，2022.
❷ 孙卫敏，夏咏冰. 职业经理人的界定及其人力资本类型分析［J］. 山东经济，2005（4）：59-62.

员担任，他们对提高生产力水平、发展经济起到了极大的推动作用。三是经营型职业经理人。该类型的职业经理人也是将企业经营管理工作作为长期职业，并掌握企业经营权，与资本运营型职业经理人的主要区别是，他们会更多地关注企业内部或部门内部的管理工作。履行管理职能要求职业经理人具备相应的知识、素质和能力；他们在一定程度上必须是知识分子，往往是高校商学院的毕业生，擅长处理人际关系，擅长待人接物，能够将社会上的各类有利于企业的人力资本结合在企业内部并创造协同效应，将企业的战略贯彻执行（即执行力）。四是专家（顾问）型职业经理人。该类型是现代市场经济的一个新生事物，不同于前面讨论的任何类型，他们是一个市场经济中相对独立的角色，借助现代信息技术的工具和方法，体现社会经济发展的整体经验曲线并区别于传统的纯理论研究学派。专家（顾问）型职业经理人是随着当代市场经济环境复杂性与不确定性的增加而产生并不断发展的，尤其是在美、日、欧洲等经济发达国家（地区）中，咨询业已被列为高层次知识产业中的重要领域[1]。

第二，职业经理人选聘来源研究。Murphy 等认为，从企业内部选拔出来的职业经理人通常会对企业情况更加了解，适合解决本企业经营的实际问题，也大大降低了职业经理人对企业无法适应的风险性，避免外部招聘的信息不对称性；缺点是内部选聘的职业经理人缺乏战略性思维。从外部选用职业经理人，更有利于提升企业的业绩，从而扭转不利的竞争局面[2]。Delery 等认为，内部选拔的方式适用于采用激进型战略的企业，有助于提升职业经理人的忠诚度；灵活的市场化选聘措施适用于采用防御型战略

---

[1] John P. Kotter. Leading Change [M]. Harvard Business School Press, 1996.
[2] Murphy K. J., Zabojnik J.. Managerial Capital and the Market for CEOs [J]. Working Papers, 2006: 43 – 76.

的国有企业，以降低人工成本和企业生存压力[1]。Barron 认为绩效差的企业常常更愿意从外部聘任总经理，因为外部经理较少受其工作现状的束缚和影响，从而促进组织发展，有利于企业增长战略的成功执行[2]。

第三，职业经理人的素质模型研究。素质模型理论的代表人物博雅茨认为，职业经理人的素质模型应该与雇佣企业的战略、文化和岗位任职资格相匹配，应该能够体现知识技能、领导力、管理潜能、个性等多个方面[3]。美国管理学专家通过不断研究发现，职业经理人普遍拥有的素质特征应包括：尊重他人，具有高尚品德，具备合作精神，并且勇于负责和承担风险，专注于创新，在关键时候具备出色的决断能力和对权力的细致把握等[4]。国内知名心理学专家时勘教授通过对全国电信系统 20 名通信业高层（局级）管理者进行行为事件访谈，提出企业高层管理者胜任能力模型，包括影响力、组织承诺、信息需求、成就欲、团队领导、人际洞察力、主动性、客户服务意识、自信和发展他人 10 个方面[5]。与民营企业和跨国公司不同，国有企业特殊的性质与使命，要求国有企业职业经理人除了具备与民营企业、跨国公司职业经理人相同的素质能力，还要具备较高的政治品格，坚决服从党的领导，主动接受党的监督。孙剑波论证了必须坚持党的

---

[1] Delery J. E., Doty D. H.. Modes of Theorizing in Strategic Human Resource Management: Tests of Universalistic, Contingency, and Configurations Performance Predictions [J]. Academy of Mangement Journal, 1996, 39 (4): 802 – 835.

[2] Barron J. M., Chulkov D. V., Waddell G. R.. Top Management Team Turnover, CEO Succession Type, and Strategic Change [J]. Journal of Business Research, 2011, 64 (8): 904 – 910.

[3] RE Boyatzis. The Competent Manager: A Model for Effective Performance [J]. Competent Manager: A Model for Effective Performance, 1982.

[4] 苏晓刚. 我国职业经理人素质测评研究 [D]. 青岛：中国海洋大学，2014.

[5] 时勘，王继承，李超平. 企业高层管理者胜任特征模型评价的研究 [J]. 心理学报，2002 (3): 306 –311.

领导发展职业经理人制度的意义，认为职业经理人负责执行国有企业的业务活动，即使从业务委托角度看，作为企业的核心人物，也必须接受党的约束，参与企业党建❶。

4. 人力资本理论与混合所有制企业职业经理人制度

人力资本理论是完善混合所有制企业职业经理人制度的重要理论工具。许多学者已经基于人力资本理论，识别了职业经理人的多重类型，建立了不同性质企业职业经理人的素质模型，分析不同选聘来源职业经理人的特点，等等。借鉴这些研究成果，可以进一步完善国有企业职业经理人制度中的相关环节，指导混合所有制企业将职业经理人作为人力资本来投资和管理，根据职业经理人市场行情、投资收益率等信息，及时调整职业经理人管理制度和措施，进而提升混合所有制企业的经营管理水平。

完善的混合所有制企业职业经理人制度进一步夯实了发挥职业经理人人力资本作用的制度基础，一方面，为职业经理人充分运用管理权力协调资源、科学决策、加强企业管理提供良好环境，有利于在社会分工体系下充分发挥职业经理人的人力资本作用；另一方面，加大了对职业经理人的监督考核力度，不仅能预防职业经理人的投机行为，还能有效制约职业经理人的消极行为，充分调动其积极性，保障了职业经理人人力资本作用的发挥。

（五）管理层权力理论相关研究

1. 管理层权力概念

19 世纪 30 年代，加尔布雷斯发现"随着股份公司的发展、

---

❶ 孙剑波. 强化党的领导 促进现代职业经理人制度健康发展［J］. 奋斗，2017(4)：41-42.

股权的分散以及企业所有权和经营权的分离,主导企业甚至经济社会的权力将逐步由股东转移至经理阶层"这一现象,引发了对管理层权力的研究。1991 年,Crystal 指出薪酬制度出现被管理层操纵的漏洞,管理层会利用自身优势与股东讨价还价以获得较高的薪酬[1]。1997 年,Yermack 也证实了企业高管被授予的股票期权在行权之前,公司一般会发布利好消息(即弹性加载),从而侧面论证了高管在薪酬制定过程中运用权力为自己牟利[2]。

2003 年,Bebchuk 和 Fried 最先提出管理层权力理论,即由于所有权和经营权的分离,股东和经理本身存在代理问题,股东并不能完全控制经理层薪酬契约的设计,经理层完全可以利用手中的权力去影响自己的薪酬,并且权力越大,操纵自身薪酬的能力越强[3]。Bebchuk 等还认为高管薪酬的决定因素已经不再是竞争性的市场力量,而是有能力的高管对管理租金的不断攫取。他们进一步提出了"愤怒成本"的概念,指出公众察觉到高管高薪后的愤怒情绪会对高管薪酬的非理性上涨形成有效制约,高管通过企业内部权力获得超额薪酬的上限就在于公众不满情绪的接受范围[4]。根据管理层权力论,在薪酬谈判中,职业经理人的讨价还价能力要远高于委托人,可以设计出对自己有利的薪酬契约条款来提升薪酬回报。

---

[1] Crystal G.. In Search of Excess: The Over – compensation of the American Executives [M]. New York: Norton, 1991.

[2] Yermack D.. Good Timing: CEO Stock Option Awards and Company News Announcements [J]. The Journal of Finance, 1997, 52, (2): 449 – 476.

[3] Bebchuk L., Fried J.. Executive Compensation as an Agency Problem [J]. Journal of Economics Perspective, 2003 (17): 71 – 92.

[4] 卢西恩·伯切克, 杰西·弗里德. 无功受禄 [M]. 北京: 法律出版社, 2009.

2. 管理层权力度量

专家、学者对度量管理层权力的度量方法没有形成统一意见。Finkelstein 将权力定义为管理层执行自身意愿的能力，采用多维度评价方法，从结构权力、所有权权力、声望权力和专家权力四大方面综合度量管理层权力[1]。后续学者在此研究基础上，采用单一维度或者综合变量评价管理层权力，进一步完善管理层权力度量方法[2]，主要形成三种计量方法，包括主成分分析法、积分变量法和综合使用两种方法。通过主成分分析法，权小锋等将国有企业管理层权力衡量指标提炼为管理层结构权力、CEO 任期、董事会规模、董事会中内部董事比例、国企金字塔控制链的深度[3]；任广乾认为国有企业经理层权力度量指标包括董事长与总经理两职合一、CEO 任职年限、董事会人数规模、董事会人数中内部董事占比、金字塔层数与链条数之积、综合管理层权力[4]。通过积分变量法，王清刚等将我国企业管理层权力衡量指标总结为董事长与总经理两职兼任、股权制衡度、第一大股东持股比例[5]；郭葆春认为可以用股权分散度、两职合一、专业委员会个数、高管持股四个指标度量国有企业经理层权力[6]；卢锐通

---

[1] Finkelstein S.. Power in Top Management Teams: Dimensions, Measurement, and Validation [J]. Academy of Management Journal, 1992, 35 (2): 505 – 538.

[2] 刘剑民，张莉莉，杨晓璇. 政府补助、管理层权力与国有企业高管超额薪酬 [J]. 会计研究，2019 (8): 64 – 70.

[3] 权小锋，吴世农，文芳. 管理层权力、私有收益与薪酬操纵 [J]. 经济研究，2010, 45 (11): 73 – 87.

[4] 任广乾. 管理层权力、薪酬标杆与高管薪酬制定 [J]. 中南财经政法大学学报，2016 (2): 78 – 85.

[5] 王清刚，胡亚君. 管理层权力与异常高管薪酬行为研究 [J]. 中国软科学，2011 (10): 166 – 175.

[6] 郭葆春，黄蝶. 产品市场竞争、管理层权力与横向交叉持股——基于我国资本市场的实证研究 [J]. 证券市场导报，2015 (6): 13 – 19.

过我国上市公司的数据验证了两职兼任、股权分散、高管长期在位是度量国有企业经理层权力的评价指标[1]。通过综合运用主成分分析法和积分变量法，代彬等得到国有企业管理层权力衡量指标，包括两职合一、高管是否持股、董事会规模、独立董事与上市公司工作地点是否一致、是否具有高学历或高职称、高管任期、是否兼职、高管政治关联[2]。

3. 管理层权力的配置效应

随着现代企业制度的建立与完善，管理层权力配置成为强化职业经理人工作热情和提升组织运行效率的基本保障和有效途径。管理层权力配置已经成为学术界研究热点，重点涉及薪酬体系、信息披露、经营绩效三个方面。

第一，管理层权力对企业薪酬体系影响的研究。许多学者利用管理层权力理论，对国有企业职业经理人薪酬体系进行深入研究。一是关于薪酬水平的研究。张弛认为国有企业面临更多的社会舆论压力，那么职业经理人薪酬的社会"愤怒成本"更高，这使得国有企业职业经理人更倾向于利用非货币薪酬、在职消费等方式来增加自己的总薪酬水平[3]。王烨等研究发现管理层权力大小与股权激励计划中设定的行权价格呈负相关，并且相对于非国有企业，国有企业设置的行权价格更低[4]。二是关于薪酬敏感性的研究。吕长江等分析了不同管理者权力下国有企业职业经理

---

[1] 卢锐. 管理层权力、薪酬与业绩敏感性分析——来自中国上市公司的经验证据[J]. 当代财经, 2008 (7): 107-112.

[2] 代彬, 刘星, 郝颖. 高管权力、薪酬契约与国企改革——来国有上市公司的实证研究[J]. 当代经济科学, 2011, 33 (4): 90-98.

[3] 张弛. 国有企业高管薪酬研究的理论探索[J]. 学习与探索, 2021 (5): 109-118.

[4] 王烨, 叶玲, 盛明泉. 管理层权力、机会主义动机与股权激励计划设计[J]. 会计研究, 2012 (10): 35-41.

人的薪酬区别，权力强大的管理者可以自己设计激励组合，在获取权力收益的同时实现高货币性补偿；而权力较弱的管理者更关注货币性补偿，只能通过盈余管理虚构利润，以达到薪酬考核的目的❶。高管薪酬黏性本质上是薪酬业绩敏感性的延伸问题。李洋等研究了管理层权力在董事联结与高管薪酬黏性关系上的作用，发现内部董事强联结通过扩大管理层权力加剧高管薪酬黏性，外部董事弱联结通过约束管理层权力抑制高管薪酬黏性，且弱联结优势下，管理层权力的中介效应比例最大❷。三是关于薪酬结构的研究。周仁俊等基于上市公司数据证明国有企业职业经理人薪酬结构主要包括货币薪酬、持股比例和在职消费三个维度，不同国有企业采用不同的组合形式❸。综上所述，部分国有企业没有建立完善的职业经理人薪酬考核和监督管理体系，为职业经理人"干预"薪酬体系留有一定空间。随着国有企业监管制度的逐步完善，将逐步加强对国有企业职业经理人权力的监督约束，管理层权力理论并不能成为解释国有企业职业经理人薪酬管理问题的理论框架。

第二，管理层权力与企业信息披露关系的研究。Abernethy等认为，经理层薪酬考核会受公司信息披露报表内容的影响，经理层有可能操控企业披露信息，并且经理层手中权力越高，经理层进行操控的可能性越大❹。在当前公司内部治理机制弱化的背景下，上市公司经理层可能利用其对公司的控制权影响内部控制

---

❶ 吕长江，赵宇恒. 国有企业管理者激励效应研究——基于管理者权力的解释[J]. 管理世界，2008（11）：99-109.

❷ 李洋，汪平，王庆娟. 董事联结能抑制薪酬黏性吗？——管理层权力的中介效应研究[J]. 经济与管理研究，2019，40（7）：128-144.

❸ 周仁俊，杨战兵，李勇. 管理层薪酬结构的激励效果研究[J]. 中国管理科学，2011，19（1）：186-192.

❹ Abernethy M. A., Kuang Y. F., Qin B.. The Influence of CEO Power on Compensation Contract Design [J]. The Accounting Review, 2014, 90 (4): 1265-1306.

形成独立的经理阶层，国有企业经营管理者任用完全按照党政干部任用制度执行，没有企业经营决策权。改革开放以来，随着党中央坚持不懈地推动经济体制改革，作为体质改革一部分的国有企业职业经理人制度也被不断优化。本节在借鉴相关学者研究的基础上，对国有企业职业经理人制度演进历程进行系统总结和归纳。

（一）放权让利时期的酝酿阶段（1978—1991年）

1978年，党的十一届三中全会在深刻总结社会主义建设正反两方面经验的基础上，做出把党和国家工作中心转移到经济建设上来、实行改革开放的历史性决策，也拉开了以放权让利为主要内容的国企改革大幕。从1978年到1991年，在计划经济体制框架内，国家从扩大国有企业经营管理自主权试点入手，通过经济责任制、"利改税"、承包经营责任制等一系列措施，放权让利，增强企业活力，转换经营机制。随着国有企业改革推进，国家对经理层人事制度作了初步探索，国有企业领导体制经历了从"党委领导下的厂长（经理）负责制"向"厂长（经理）负责制"的转变。

1. 党委领导下的厂长（经理）负责制

1956年，党的第八次全国人民代表大会提出，在国有企业"建立以党委为核心的集体领导和个人负责相结合的制度"，即"党委领导下的厂长负责制"。该制度要求：企业党组织的首要任务是加强对于企业生产行政工作的领导和监督，对于生产行政工作中的重大问题，党组织必须认真研究和讨论，在必要的时候做出决定，责成行政领导同志和有关方面认真贯彻执行；行政组织是党组织决策的执行者，负责日常行政和生产活动。

虽然"党委领导下的厂长负责制"在"文化大革命"期间被迫中断，但是1978年粉碎四人帮以后，中共中央颁发《关于加快工业发展的若干问题的决定（草案）》恢复了"党委领导下的厂长分工负责"的提法。此时，国家直接经营企业，国有企业具有行政级别，属于政府附属机构，领导体制上同党政机关的干部人事制度一样，具体参照1956年出台的《关于国营企业领导问题的决定（草案）》和《加强党对工业、交通运输业工作的领导（草稿）》管理。国有企业领导者要在国家工业管理机关的直接领导下，依靠企业党组织的集体领导和广大职工群众的支持，负责管理和指挥整个企业的生产和行政工作。他们的任务就是要不断改善企业的管理，加强计划工作和技术领导，贯彻实行经济核算制，正确地组织职工的生产活动，不断挖掘企业的生产潜力，以增加产量，提高质量，增加品种，降低成本，提高劳动生产率，做到全面完成和超额完成国家计划。下放国有企业厂长部分经营管理权，例如根据市场需求，在国家计划之外自行制定补充计划；不经过物资部门直接与其他企业订立供货合同；选择中层干部和招工择优录取权；等等。

在计划经济体制框架下，厂长（经理）获得一定经营权力，激发了工作积极性，提高了企业生产能力，但是严重存在无人真正负责企业生产指挥和经营管理的问题。

2. 厂长（经理）负责制

进入20世纪80年代，随着改革开放政策的整体推进，国有企业改革不断深化，企业自主权不断扩大，改革企业领导体制的呼声越发强烈，成为全党重视的突出问题。

1984年4月，根据调查组汇报，中央书记处指出，"现在国营工厂存在的问题表面上是无人负责，实际上是无权负责、无法负责、无力负责。为此，必须在解决国家与企业的关系、适当扩大企业自主权的同时,积极改革国营企业领导体制,实行生产经营和行政管理工作厂长(经理)负责制""目前制定工厂法,全面实行厂长负责制的条件还不完全成熟,要进行试点"。1984年5月,中共中央办公厅和国务院办公厅联合印发通知,在辽宁省大连市和江苏省常州市的全部国营企业,及北京、上海、天津、沈阳4个城市的部分国营企业,实行厂长负责制试点。1984年10月,党的十二届三中全会通过《中共中央关于经济体制改革的决定》指出,"现代企业分工细密,生产具有高度的连续性,技术要求严格,协作关系复杂,必须建立统一的、强有力的、高效率的生产指挥和经营管理系统。只有实行厂长(经理)负责制,才能适应这种要求"。1986年9月,党中央、国务院颁布的《全民所有制工业企业厂长工作条例》《中国共产党全民所有制工业企业基层组织工作条例》《全民所有制工业企业职工代表大会条例》为国有企业领导人员管理体制改革提供了政策依据。其中,根据《全民所有制工业企业厂长工作条例》中的相关规定,厂长对企业的生产指挥和经营管理工作统一领导,全面负责;厂长的人事任免,可分别采用主管机关委派任命、职工代表大会选举推荐、主管机关招聘等方式。同年11月,国务院发出补充通知,强调厂长(经理)是全民所有制工业企业的法定代表人,处于企业中心地位,负有全面责任。同年12月,为激发厂长(经理)积极性,国务院发布《关于深化企业改革增强企业活力的若干规定》,指出"凡全面完成年度责任目标的,经营者的个人收入可以高于职工平均收入的一至三倍。做出突出贡献的,还可以再高一些"。

从1987年起,厂长(经理)负责制进入全面实施阶段。同年8月,国家经委、中央组织部、全国总工会召开在全民所有制工业企业中全面推行厂长(经理)负责制的工作会议。1988年4月,为使党委摆脱日常事务,集中精力做好政治思想工作和组织监督工作[1]，党中央颁布《中华人民共和国全民所有制工业企业法》，明确规定"企业实行厂长（经理）负责制"，厂长领导企业的生产经营管理工作，行使下列职权：①依照法律和国务院规定，决定或者报请审查批准企业的各项计划；②决定企业行政机构的设置；③提请政府主管部门任免或者聘任、解聘副厂级行政领导干部，法律和国务院另有规定的除外；④任免或者聘任、解聘企业中层行政领导干部，法律另有规定的除外；⑤提出工资调整方案、奖金分配方案和重要的规章制度，提请职工代表大会审查同意；提出福利基金使用方案和其他有关职工生活福利的重大事项的建议，提请职工代表大会审议决定；⑥依法奖惩职工，提请政府主管部门奖惩副厂级行政领导干部。此时，厂长（经理）基本被赋予了较为宽泛的经营管理权限，掌握了雇用员工、组织生产、分配收入等重要环节的管理权。1992年6月，为进一步激发厂长（经理）工作积极性，优化厂长（经理）报酬激励机制，国务院发布《全民所有制工业企业转换经营机制条例》，规定"企业连续三年全面完成上交任务，并且实现企业财产增值的，要对厂长或者厂级领导给予奖励，从而把企业经营者收入与其工作业绩联系在一起"。厂长（经理）的收入与经营业绩的联系更加紧密，营造了"能人治企"文化氛围，提升了国有企业当期经营业绩。

厂长（经理）负责制对国营企业领导人员的选拔、聘任、经济责任考核等方面进行了积极探索，解决了企业缺乏具体负责人的问题，有效提高了生产、经营的决策效率。但是，这一时期计划经济体制刚刚被打破，市场经济体制还没有建立，出现了难以对厂长（经理）有效监督管理等新问题。

---

[1] 邓小平. 邓小平文选（第二卷）[M]. 北京：人民出版社，1994.

（二）制度创新时期的探索阶段（1992—2001年）

1992年10月，党的十四大明确提出了"我国经济体制改革的目标是建立社会主义市场经济体制，使市场在社会主义国家宏观调控下对资源配置起基础性作用"。随着宏观经济体制从计划经济转为市场经济，建立现代企业制度成为发展社会化大生产和市场经济的必然要求，也是国有企业改革的方向。

国有企业开始探索以公司制股份制改革为主要形式的现代企业制度，建立规范的法人治理结构，同时向出资人和债权人负责，成为产权清晰、权责明确、政企分开、管理科学、自主经营、自负盈亏的市场主体。此时，厂长（经理）负责制转变为公司型法人治理结构，国有企业领导人员的选拔、考核、激励、约束等问题越来越受到重视。为规范已取得的改革成果，1993年12月国家正式颁布《中华人民共和国公司法》，确立了公司制的法律基础，进一步完善了企业法人制度，规范了公司的组织形式和治理结构，突出了公司、股东、职工和债权人的权益保护，从法律层面实现了政企分开。

1999年9月，党的十五届四中全会通过《中共中央关于国有企业改革和发展若干重大问题的决定》，一方面深化了国有企业人事制度改革，提出"要按照企业的特点建立对经营管理者培养、选拔、管理、考核、监督的办法，并逐步实现制度化、规范化。积极探索适应现代企业制度要求的选人用人新机制，把组织考核推荐和引入市场机制、公开向社会招聘结合起来，把党管干部原则和董事会依法选择经营管理者以及经营管理者依法行使人权结合起来。进一步完善对国有企业领导人员管理的具体办法，避免一个班子多头管理。对企业及企业领导人不再确定行政级别。加快培育企业经营管理者人才市场，建立企业经营管理人才库"。另一方面，开始试点与建立现代企业制度相适应的企业经营管理者薪酬激励机制，提出"建立和健全国有企业经营管理者的激励和约束机制，实行经营管理者收入与企业的经营业绩挂钩。少数企业试行经理（厂长）年薪制、持有股权等分配方式，可以继续探索，及时总结经验"。

2000年6月，中共中央办公厅印发的《深化干部人事制度改革纲要》指出了国有企业人事制度改革的重点和基本要求，"深化国有企业人事制度改革，以建立健全适合企业特点的领导人员选拔任用、激励、监督机制为重点，把组织考核推荐和引入市场机制、公开向社会招聘结合起来，把党管干部原则和董事会依法选择经营管理者以及经营管理者依法行使用人权结合起来，完善体制，健全制度，改进方法，建立与社会主义市场经济体制和现代企业制度相适应的国有企业领导人员管理制度"。同年9月，国务院办公厅转发国家经贸委的《国有大中型企业建立现代企业制度和加强管理基本规范（试行）》指出，"企业不再套用党政机关的行政级别，也不再比照党政机关干部的行政级别确定企业经营管理者的待遇，实行适应现代企业制度要求的企业经营管理者管理办法"。

至此，国有企业领导人员管理制度取得了较大成绩，初步确立了国有企业领导人员的管理体制，经理层进一步掌握企业生产性资源的配置权；但是，还存在出资人不明确、考核体系不完善等问题，尤其是"内部人"控制的问题比较突出。

（三）国资监管时期的突破阶段（2002—2011年）

为积极应对市场经济的挑战，国有企业探索引入职业经理人，充实领导人员队伍。2002年5月，中共中央办公厅、国务院办公厅印发的《2002—2005年全国人才队伍建设规划纲要》

指出"努力建设高素质、职业化的企业经营管理人才队伍。探索与制定职业经理人资质评价体系"。这是中国首次在正式文件中提倡建设职业经理人队伍,意味着职业经理人是一种必须具备国家规定的准入资格的社会职业。

2002年11年,党的十六大报告指出,"我国进入全面建设小康社会、加快推进社会主义现代化的新的发展阶段""深化国有资产管理体制改革""按照现代企业制度的要求,国有大中型企业继续实行规范的公司制改革,完善法人治理结构"。2003年3月,国务院国有资产监督管理委员成立(简称,国资委),代表国务院对中央企业行使出资人权力,改变了过去政府部门分别对中央企业行使所有权的混乱局面,在国有企业产权管理改革上取得了重大突破,解决了国有资产出资人缺位和多头管理问题。至此,国有企业改革进入完善国资管理体制新阶段。国资委成立后,开始进一步完善国有企业职业经理人制度。

1. 探索国有企业经理层市场化选聘机制

2003年12月,《中共中央 国务院关于进一步加强人才工作的决定》(中发〔2003〕16号)指出,"以推进企业经营管理者市场化、职业化为重点,坚持市场配置、组织选拔和依法管理相结合,改革和完善国有企业经营管理人才选拔任用方式""对经理人推行聘任制,实行契约化管理。按照企业发展战略和市场取向,拓宽选人视野,吸引国际国内一流人才到企业任职"。为认真贯彻落实中发〔2003〕16号文件精神,大力实施"人才强企战略",国资委发布《国务院国资委关于加强和改进中央企业人才工作的意见》,加快转变职业经理人转变选拔方式,在党管干部原则下,重点推进全球公开招聘职业经理人工作。2004年,国资委首次尝试经理层市场化招聘,在全球范围内为中国联通等6家央企选聘了7位高级管理人员。此后,国资委又面向海内外公开招聘 96 户中央企业中的 141 个高级经营管理者职位。只要符合招聘条件的人，不受国籍、所有制、身份等限制，均可应聘。最终，在 1 万多求职者中录用了 126 名高学历、年富力强、事业开阔的中青年高级管理人员。在试点基础上，职业经理人选聘机制被逐步规范。2005 年 2 月，国务院发布的《关于鼓励支持和引导个体私营等非公有制经济发展的若干意见》指出"建立职业经理人测评与推荐制度"。2006 年 5 月，中央组织部、人事部联合印发《关于贯彻落实"十一五"规划纲要，加强人才队伍建设的实施意见》的通知，指出"建立社会化的职业经理人资质评价制度，研究制定中国特色职业经理人评价标准体系，制定出台规范职业经理人资格认证制度的意见"。2010 年 6 月，国务院发布的《国有企业中长期人才发展规划纲要（2010—2020年)》指出"加快推进企业经营管理人才职业化、市场化、专业化和国际化""建立社会化的职业经理人资质评价制度"。这为今后建立并完善职业经理人制度的评价体系奠定了政策基础。

2. 推进国有企业经理层考核机制改革

党的十六届三中全会提出要建立国有企业经营业绩考核制度。2003 年 10 月，国资委印发《中央企业负责人经营业绩考核暂行办法》，初步实现了年度考核与任期考核相结合、结果考核与过程评价相统一、业绩考核与奖惩紧密挂钩，标志着出资人业绩考核制度正式确立。党的十七大报告指出，要完善体现科学发展观和正确政绩观要求的干部考核评价体系。根据《中央企业领导班子和领导人员综合考核评价办法（试行）》（中组发〔2009〕17 号）要求，应根据中央企业的特点，把出资人认可、职工群众认可和市场认可结合起来，运用多维度测评、定量考核与定性评价相结合等方法，对中央企业领导班子和领导人员进行综合考核评价。突出考评的业绩导向，在考评内容中赋予业绩 50% 的权重，并将国务院国资委经营业绩考核和财务绩效评价结果直接运用到领导班子和领导人员考核评价内容中。中组发〔2009〕17号文件不仅重视国有企业经济指标的完成情况，还关注生态保护、能源节约等可持续发展目标，以及政治责任方面的考核。在考评方法方面，突破了过去国有企业领导人员仅由组织人事部门考核管理的模式，建立了多维度立体式考核评价体系，区分了领导班子正副职各自的考核指标和权重。在运用考核结果方面，考核结果与领导人员任用挂钩，明确一票否决的情况。至此，建立的"德能勤绩廉"考核评价体系，提高了考核工作的公正性，促进了国有企业领导人员尽职履责，推动了国有企业快速发展。

3. 完善国有企业经理层分配机制改革

在相当长的一段时间内，国有企业负责人的薪酬水平出现了决策随意性较大、差距不合理等问题。国资委成立后，探索实行国有企业负责人年薪制，构建薪酬与业绩考核紧密挂钩的激励约束机制，推进企业负责人薪酬管理制度化、规范化。

为了推动经理层收入分配与薪酬管理机制改革，规范国有企业负责人薪酬管理，2004年6月，国资委印发《中央企业负责人薪酬管理暂行办法》，主要建立以国有企业负责人业绩为导向的年薪制度，包括基薪、绩效薪金两部分。基薪是企业负责人年度的基本收入，主要根据企业经营规模、经营管理难度、所承担的战略责任和企业所在地区平均工资、所处行业平均工资、本企业平均工资等因素综合确定，按月支付。绩效薪金与经营业绩考核结果挂钩，以基薪为基础，根据企业负责人的年度经营业绩考核级别及考核分数确定。年度绩效薪金的40%部分实行延期兑现，当任期结束后，如果任期经营业绩考核合格，兑现全部延期兑现收入；如果考核不合格，或者因弄虚作假、出现重大失误、违反法律等给企业造成重大损失，扣罚部分或者全部延期兑现收人。为了推动年薪制顺利实施，国资委明确要求企业负责人的全部收入均纳入年度薪酬管理，除了已被批准的薪酬和国家批准的特殊津贴，不得获取任何额外工资性收入。年薪制的执行，为规范国有企业负责人薪酬管理打下了坚实的基础。除年薪制，国资委还围绕公司治理、长效激励约束机制等方面进行了体制机制改革探索。例如，为加强国有企业董事会建设，印发《董事会试点中央企业高级管理人员薪酬管理指导意见》，要求中央企业董事会管理高管薪酬，鼓励在现代企业制度框架下，探索企业负责人薪酬管理制度。为建立国有企业长效激励约束机制，国资委先后印发《国有控股上市公司（境外）实施股权激励试行办法》《国有控股上市公司（境内）实施股权激励试行办法》两个规范性文件，对国有控股上市公司任职的国有企业负责人在内的人员建立中长期激励机制，开启了探索建立国有企业负责人中长期激励机制的闸门。

（四）进入新时代的完善阶段（2012年至今）

2012年11月，党的十八大召开，中国特色社会主义进入新时代，经济体制改革进入攻坚期，党中央对深化国有企业改革和党的建设进行了新部署。党的十八大报告提出"深化干部人事制度改革，建设高素质执政骨干队伍"，国有企业人事制度改革亦进入全面深化改革阶段。十八大以后，随着全面深化改革的推进，职业经理人制度建设也在加速。2013年11月，党的十八届三中全会通过的《中共中央关于全面深化改革若干重大问题的决定》明确指出"建立职业经理人制度"，吹响了国有企业职业经理人制度改革的冲锋号。2014年11月，安徽省较早启动试点工作，印发了《关于开展职业经理人制度试点工作的通知》。

2015年以后，党中央出台了一系列关于国资国企改革的"1

+N"政策文件,也在加速推进国有企业职业经理人制度的顶层设计工作,进一步明确提出要推行混合所有制企业职业经理人制度。2015年8月,国有企业改革战略布局文件《关于深化国有企业改革的指导意见》进一步明确,"推行职业经理人制度,实行内部培养和外部引进相结合,畅通现有经营管理者与职业经理人的身份转换通道,董事会按市场化方式选聘和管理职业经理人"。此时,国有企业改革进入分类改革新时期,职业经理人制度实施方向逐步清晰。2015年9月,中共中央办公厅印发了《关于在深化国有企业改革中坚持党的领导加强党的建设的若干意见》指出"进一步完善坚持党管干部原则与市场化选聘、建立职业经理人制度相结合的有效途径。扩大选人用人视野,合理增加市场化选聘比例。实行内部培养和外部引进相结合,推进职业经理人队伍建设",以防止职业经理人队伍固化,进一步激发职业经理人队伍活力。2015年9月,国务院颁布的《关于国有企业发展混合所有制经济的意见》指出,"推行混合所有制企业职业经理人制度。按照现代企业制度要求,建立市场导向的选人用人和激励约束机制,通过市场化方式选聘职业经理人依法负责企业经营管理,畅通现有经营管理者与职业经理人的身份转换通道。职业经理人实行任期制和契约化管理,按照市场化原则决定薪酬,可以采取多种方式探索中长期激励机制。严格职业经理人任期管理和绩效考核,加快建立退出机制。"2015年12月,洛阳市国资委出台了《洛阳市国资委监管企业职业经理人选聘和管理暂行办法》,将通过市场化机制选聘职业经理人,不仅可以拿年薪,还对经营业绩好的职业经理人给予特殊奖励。

2016年以后,各级国资国企监管部门对完善国有企业职业经理人制度提出了更加系统和具体的要求。2016年2月,国资委将"推行职业经理人制度"作为国企改革十项试点任务之一,希望以点带面形成可以复制推广的成功经验。在2016年3月5

日召开的十二届全国人大四次会议上,李克强总理作《政府工作报告》,提出"开展落实企业职业经理人制度等试点"。2016年3月16日,《中华人民共和国国民经济和社会发展第十三个五年规划纲要》明确指出"建立国有企业职业经理人制度,完善差异化薪酬制度和创新激励"。2016年3月22日,中共中央印发的《关于深化人才发展体制机制改革的意见》指出"研究制定在国有企业建立职业经理人制度的指导意见,完善国有企业经营人才中长期激励措施",促进了职业经理人制度的落实。2016年3月25日,《国务院关于落实〈政府工作报告〉重点工作部门分工的意见》指出"开展落实企业职业经理人制度等试点",由国资委牵头,发展改革委、工业和信息化部、财政部、人力资源和社会保障部等按职责分工负责。2016年8月,为推进市属国有企业混合所有制企业职业经理人队伍建设,北京市颁发《北京市人民政府关于市属国有企业发展混合所有制经济的实施意见》,针对混改企业职业经理人制度构建提出了明确的要求,"通过市场化方式选聘职业经理人,由其依法负责企业的经营管理。职业经理人实行任期制和契约化管理,按照市场化原则决定薪酬,并采取多种方式探索完善中长期激励机制,畅通现有经营管理者与职业经理人身份转换通道"。2016年9月,浙江省出台《关于推进省属企业职业经理人制度建设的试行意见》,指出通过大力引进和使用适应市场竞争需要的高素质职业经理人,推动省属企业领导人员选任和管理方式的改革。2016年10月,湖南省为进一步强化省属监管企业的市场主体地位,出台了《湖南省省属监管企业实行职业经理人制度指导意见(试行)》。2016年10月,习近平总书记在全国国有企业党的建设工作会议上的讲话为完善国有企业职业经理人制度指明了方向,指出中国特色现代国有企业制度,"特"就特在把党的领导融入公司治理各环节,把企业党组织内嵌到公司治理结构之中。党组织作为一种有效的激励约束机制，不仅体现在它对企业管理者的考核监督体系上，而且表现为党组织可以通过巩固增强党的意识形态来解决委托人和代理人之间的矛盾，从根源上防范管理者的道德风险和贪污腐败问题，从而作为一种经济权力在社会主义市场经济中发挥作用❶。通过构建坚持党管干部和市场化配置经营管理者相结合的管理制度，国有企业能有效提升职业经理人管理效率。例如，在选拔方式上，国有企业采取考试与考察相结合的方式，改变了过去仅由组织部门考察的做法；在任用方式上，改变传统的委任制，采取聘任制的方式，实行契约化管理，有严格的准入机制和正常的退出机制。

从 2017 年开始，为充分发挥企业家作用，造就一大批政治坚定、善于经营、充满活力的职业经理人，各级国资国企监管部门深入有序推进国有企业职业经理人制度细则建设工作。2017 年 4 月，国务院发布的《国务院批转国家发展改革委关于 2017 年深化经济体制改革重点工作意见的通知》指出"研究制定改革国有企业工资决定机制的意见，启动国有企业职业经理人薪酬制度改革试点"。2017 年 10 月，国务院发布的《国务院办公厅关于进一步完善国有企业法人治理结构的指导意见》指出"根据企业产权结构、市场化程度等不同情况，有序推进职业经理人制度建设，逐步扩大职业经理人队伍，有序实行市场化薪酬，探索完善中长期激励机制，研究出台相关指导意见"，进一步推动了国有企业分层有序实施、全面有序推进职业经理人制度。2017 年 10 月，为健全完善适应现代企业制度要求的企业领导人员选聘、考核、奖惩和退出机制，海南省出台了《海南省省属国有企业推行职业经理人制度指导意见（试行）》。2018 年 2 月，中共中央办公厅、国务院办公厅印发的《关于分类推进人才评价机制

---

❶ 孟捷. 中国共产党与当代中国经济制度的变迁［J］. 东方学刊，2020（1）：65－73.

改革的指导意见》强调健全涵盖品德、知识、能力、业绩和贡献等要素，科学合理、各有侧重的人才评价标准，提出"建立社会化的职业经理人评价制度"。2018年5月，中共中央办公厅、国务院办公厅印发的《中央企业领导人员管理规定》指出"合理增加经理层中市场化选聘职业经理人比例，稳妥推进职业经理人制度建设"，为中央企业开展职业经理人制度在人员选聘、薪酬分配以及建立试点等方面提供了具体实施举措。2018年8月，国务院国企改革领导小组办公室召开国企改革"双百行动"动员部署视频会，正式启动国企改革"双百行动"，指出要在总结实践的基础上制定新政策，更好地满足职业经理人制度建设和队伍建设的需要。作为健全"双百企业"法人治理结构、完善市场化经营机制的重要组成部分，职业经理人制度的重要性日益凸显。"双百行动"促使国有企业职业经理人制度由点向面全面展开，也促进更多的国有企业开始加入推行职业经理人试点的行列。2018年9月，黑龙江省为落实职业经理人制度，出台了《关于全省国有企业开展市场化选聘职业经理人试点的指导意见》。2018年12月，天津市为进一步深化国有企业改革，推进职业经理人制度建设，规范职业经理人管理，出台《天津市市管企业职业经理人管理暂行办法》。2019年1月，人力资源和社会保障部印发的《关于充分发挥市场作用促进人才顺畅有序流动的意见》指出"合理增加国有企业经理层中市场化选聘职业经理人比例，畅通现有国有企业经营管理者与职业经理人身份转换通道"，这是近年来我国人才工作领域首个关于人才流动配置的改革性文件。2019年4月，《国务院关于印发改革国有资本授权经营体制方案的通知》指出，"授权国有资本投资、运营公司董事会负责经理层选聘、业绩考核和薪酬管理（不含中管企业），积极探索董事会通过差额方式选聘经理层成员，推行职业经理人制度，对市场化选聘的职业经理人实行市场化薪酬分配制度，完善中长期激励机制。"2019年8月,国务院国有企业改革领导小组办公室出台的《关于支持鼓励"双百企业"进一步加大改革创新力度有关事项的通知》指出,"推动'双百企业'全面推行经理层成员任期制和契约化管理;支持鼓励'双百企业'按照'市场化选聘、契约化管理、差异化薪酬、市场化退出'原则,加快建立职业经理人制度;对市场化选聘的职业经理人实行市场化薪酬分配机制,并采取多种方式探索完善中长期激励机制。"2019年6月,国资委印发的《国务院国资委授权放权清单(2019年版)》指出,"支持中央企业所属企业按照市场化选聘、契约化管理、差异化薪酬、市场化退出的原则,采取公开遴选、竞聘上岗、公开招聘、委托推荐等市场化方式选聘职业经理人,合理增加市场化选聘比例,加快建立职业经理人制度""支持中央企业所属企业市场化选聘的职业经理人实行市场化薪酬分配制度,薪酬总水平由相应子企业的董事会根据国家相关政策,参考境内市场同类可比人员薪酬价位,统筹考虑企业发展战略、经营目标及成效、薪酬策略等因素,与职业经理人协商确定,可以采取多种方式探索完善中长期激励机制"。2019年8月,山东省出台的《全面深化省属企业劳动人事分配三项制度改革专项行动方案》要求,"在权属企业积极推行职业经理人制度。总结推广省属企业职业经理人制度试点工作经验,按照'市场化选聘、契约化管理、差异化薪酬、市场化退出'的原则,在处于充分竞争行业和领域的各级权属企业推行职业经理人制度,激发经理层成员活力和企业改革发展的内生动力。坚持内部培养和外部引进相结合,畅通现有经营管理者与职业经理人身份转换通道。加快建立职业经理人市场化退出机制,严格任期管理和目标考核,增强契约刚性,对完不成业绩合同规定的目标任务、考核评价不合格的职业经理人,由董事会予以解聘,并依法退出本企业。"2019年9月,上海市出台的《上海市分类推进人才评价机制改革实施方案》指出,"建立社会化的职业经理人评价制度,推动职业经理人队伍的市场化、专业化、国际化"。2019年10月,江西省出台《关于加强和改进省出资监管企业人才工作的实施意见》,指出"稳步推进职业经理人制度,以现有经营管理者转换和市场化选聘经理人相结合的方式,选择符合条件的子企业开展职业经理人制度试点"。2020年2月,为贯彻落实党中央、国务院关于建立健全市场化经营机制、激发企业活力的决策部署,完善国有企业领导人员分类分层管理制度,有效激发微观主体活力,国务院国有企业改革领导小组办公室制定了《"双百企业"推行职业经理人制度操作指引》,明确了推行职业经理人制度一般应遵循的操作流程和要点。

回顾国有企业职业经理人制度的演变历程,基本与国有企业改革同步推进。现在国有企业改革通过优化产权结构进入混合所有制改革阶段,职业经理人制度也要求全面推行。要完善混合所有制企业职业经理人制度,一方面,要对混合所有制企业职业经理人不断放权,加强激励机制;另一方面,通过完善公司治理、促进信息公开等方式,逐步增加对混合所有制企业职业经理人的监督力度,防止内部人控制。

第三章 混合所有制企业职业经理人制度的发展现状

在混合所有制企业中推行职业经理人制度，是深化三项制度改革、提升企业经营水平和动力的有效途径。党中央颁布多项政策文件，指明了混合所有制企业职业经理人制度建设方向。经过多年探索，中央企业和地方国有企业所属混合所有制企业不断推进职业经理人制度改革创新。本章对2020年《"双百企业"推行职业经理人制度操作指引》出台之后，混合所有制企业职业经理人制度的改革现状进行深入分析。

第一节 混合所有制企业职业经理人制度的政策进展

2020年2月，为深入贯彻落实党中央、国务院关于建立职业经理人制度的决策部署，指导"双百企业"率先全面推进相关工作，在系统总结梳理相关政策和企业实践经验的基础上，国务院国有企业改革领导小组办公室制定了《"双百企业"推行职业经理人制度操作指引》，明确了推行职业经理人制度的基本流程与操作要点，为混合所有制企业开展相关工作提供了重要参考和实践指引，开启了混合所有制企业大力推进职业经理人制度的新篇章。

（一）中央企业所属混合所有制企业职业经理人制度改革的政策进展

2020年6月13日，国资委印发的《关于开展对标世界一流管理提升行动的通知》指出，"完善市场化选人用人机制，拓展人才引进渠道，着力推行经理层任期制和契约化管理，积极探索职业经理人制度，加快建立和实施以劳动合同管理为基础、以岗位管理为核心的市场化用工制度；健全薪酬分配激励机制，全面推行岗位绩效工资制度，统筹运用多种中长期激励方式，鼓励支持知识、技术、管理等生产要素有效参与分配，充分激发各类人才的活力动力"。

2020年6月30日，中央全面深化改革委员会第十四次会议审议通过《国企改革三年行动方案（2020—2022年）》，进一步明确了国企改革的时间表和路线图，是我国面向新发展阶段深化国有企业改革的纲领性文件，要求大力推进职业经理人制度，相关细则主要包括四方面内容。一是优先支持商业类子企业按照市场化选聘、契约化管理、差异化薪酬、市场化退出原则，加快推进职业经理人制度。二是完善市场化薪酬分配机制。深化企业内部分配制度改革，建立健全按业绩贡献决定薪酬的分配机制，实行全员绩效考核，一岗一薪。建立具有市场竞争优势的核心关键人才薪酬制度，推动薪酬分配向做出突出贡献的人才和一线关键苦、脏、累岗位倾斜。三是灵活开展多种方式的中长期激励。支持更多国有企业统筹运用各类中长期激励政策，强化业绩考核和激励水平"双对标"，实现激励与约束相统一。鼓励建立超额利润分享机制，鼓励按照风险共担、利益共享原则实施跟投。四是保障经理层依法行权履职。国有企业全面建立董事会向经理层授权的管理制度，依法明确董事会对经理层的授权原则、管理机制、事项范围、权限条件等主要内容,充分发挥经理层的经营管理作用。

2021年5月,中共中央办公厅印发《关于中央企业党的领导融入公司治理的若干意见(试行)》,指出中央企业党委(党组)是党的组织体系的重要组成部分,发挥把方向、管大局、促落实的领导作用。要完善体制机制,明确党委(党组)在决策、执行、监督等环节的权责和工作方式,正确处理党委(党组)和董事会、经理层等治理主体的关系,坚持权责法定、权责透明、协调运转、有效制衡的公司治理机制,推动制度优势更好地转化为治理效能。完善中国特色现代企业制度,把加强党的领导融入公司治理,厘清各治理主体权责边界,也是混合所有制企业推行职业经理人制度的重要前提条件。随着国企改革三年行动不断深入,混合所有制企业职业经理人制度也进入快速推进、实质进展的新阶段。

(二)地方国企所属混合所有制企业职业经理人制度改革的政策进展

在党中央、国务院及有关部门政策的指引和推动下,地方省(市)也跟进出台职业经理人制度管理办法,规范地方国有企业职业经理人的"选、用、育、留"管理工作。上海、山东、云南、浙江、四川等地政府均出台了职业经理人制度改革方案,各省(市)对职业经理人的标准、退出、薪酬激励等均存在差异,以下列举五个具有代表性的地方政府颁布的政策,加以说明。

1. 上海市出台的相关政策

2020年12月,上海市委办公厅、市政府办公厅印发《上海市贯彻〈国企改革三年行动方案(2020—2022年)〉的实施方案》，其中与职业经理人相关的政策包括三点。一是健全市场化经营机制：完善领导人员管理体系和市场化选人用人机制；在符合条件的市管国有企业，按照"市场化选聘、契约化管理、差异化薪酬、市场化退出"原则，进一步深化职业经理人制度改革。二是积极完善长效激励约束机制：优化企业领导人员考核评价与薪酬分配制度；建立岗位价值评估体系，严格经营业绩考核，实现能上能下，激励约束对等；上市公司加快实施限制性股票、股票期权等股权激励，科技型企业加大实施股权和分红激励力度，非上市公司积极探索岗位分红、超额利润分享和员工跟投、风险抵押金等模式，创投企业继续完善市场化运作机制。三是用好各类高素质专业化人才：健全市场化招聘制度，实行有利于吸引和留住关键岗位核心骨干人才政策；加快培养引进"高精尖缺"人才和统筹推进引领性人才队伍建设；有序推进管理人员竞争上岗、末位淘汰和不胜任退出等制度。

2020年9月，上海出台《关于鼓励本市国有企业进一步实施创新驱动发展战略的指导意见》，要求着力在深化职业经理人制度改革、考核评价机制、市场化激励、容错机制等方面探索突破，以体制机制改革为核心关键推动创新发展。此外，推进完善容错机制。本市国有企业应根据相关办法制定容错纠错实施细则，针对创新发展容错纠错事项，围绕企业承担的国家和本市重大创新任务，聚焦重点战略性领域和关键核心技术突破的创新项目，细化创新容错的情形和条件，经集团董事会批准同意后报市国资委备案，在报告范围内予以容错。

2. 山东省出台的相关政策

2020年以来，山东省推进经理层管理方式改革，职业经理人制度试点单位达到200余户，并在全国率先出台省属企业中长期激励制度，允许符合条件的企业采取超额利润提成、项目跟投、虚拟股权等方式对核心技术人员和管理骨干进行激励，建立起员工和企业风险共担、收益共享的利益捆绑机制。

2020年，为服务全省八大发展战略，落实省委、省政府决策部署，山东省颁布《山东省国企改革三年行动实施方案（2020—2022年）》，其中与职业经理人相关的政策主要包括四点。一是推动中国特色现代企业制度建设实现新突破。到2022年，各级国有企业实现董事会应建尽建，集团公司和重要子企业董事会全部设立规范的董事会专门委员会，董事会中外部董事原则上占多数；全面建立董事会向经理层授权管理制度，落实总经理向董事会报告工作制度。二是推动混合所有制改革实现新突破。到2022年实现混改户数、资产双提升，资产证券化率达到70%。建立省属企业混改后评价机制，出台加强国有相对控股混合所有制企业管理指导意见，并选取部分企业开展差异化管控试点。三是在推动健全市场化经营机制方面实现了新突破。对国有企业经理层成员全面实行任期管理，2022年在各级国有企业控股子公司全面推行。在省属企业开展三项制度改革效能评估试点，全面建立管理、技术、技能等多序列并行岗位管理体系，并实行相匹配的宽带薪酬。出台完善省属企业控股上市公司股权激励的意见，实现应推尽推；出台规范非上市公司中长期激励制度，到2022年覆盖面不低于10%。四是推动国有企业党的领导和党的建设实现新突破。在全省国有企业各级党组织建立完善第一议题制度。修订省属企业党建工作责任制考核办法，把考核结果与领导班子建设、干部选拔任用、领导人员薪酬、评先树优挂钩。出台加强省属企业混合所有制企业党建工作指导意见。

2020年5月，山东省颁布的《省属企业控股子公司推行职业经理人制度基本规范（试行）》要求在充分竞争领域省属二、三级企业，加快建立职业经理人制度。山东省国资委在2020年确定100户重要权属企业开展职业经理人制度试点。通过契约化管理，使得从"上"的环节就打通"下"的通道，不断为山东省国有企业发展注入新的生机活力。

2021年5月，为积极推动省属企业控股上市公司建立健全长效激励约束机制，促进省属企业实现高质量发展，根据国有控股上市公司实施股权激励有关政策和《山东省人民政府办公厅关于推进省属企业上市公司实施股权激励的意见》，山东省颁布了《山东省国资委关于进一步完善省属企业控股上市公司股权激励的意见》，对省属控股上市混合所有制公司股权激励的对象、有效期、预留权益、行权（授予）价格等重要信息进行规范，尤其指出"市场化选聘的职业经理人可以参加任职企业的股权激励，省委或省委委托管理的企业领导班子成员及其他规定不得成为激励对象的人员均不得纳入激励范围""授予上市公司董事、高管的权益，应根据任期考核结果行权或兑现"。

2021年11月，《山东省国资委关于省属国有相对控股混合所有制企业差异化管控的指导意见（试行）》指出，"经理层原则上实行任期制和契约化管理，具备条件的推行职业经理人制度""建立更加市场化的经营管理机制，建立更加市场化的用人制度""建立更加市场化的薪酬分配制度""建立更加市场化的中长期激励机制"。

3. 云南省出台的相关政策

2020年，为推动全省国资国企改革走深走实、提升改革综合成效，云南省颁布的《云南省国企改革三年行动实施方案（2020—2022年）》指出完善中国特色现代企业制度，深化混合所有制改革，健全市场化经营机制等要求。

2020年，为进一步加强和改进云南省国有资产监督管理，做强做优做大国有资本，云南省颁布《关于进一步加强和改进国有资产监督管理的若干意见》，其中与职业经理人相关的政策包括四点。一是加强企业干部人才队伍建设。坚持党管干部原则，培养锻造对党忠诚、勇于创新、治企有方、兴企有为、清正廉洁的高素质国有企业领导人员队伍。优化年龄结构，改善专业结构，形成老中青合理梯次配备，全面增强企业领导班子整体功能。加强企业领导人员日常管理监督职能，严格执行《云南省省属企业领导人员交流工作规定（试行）》，纪委书记（纪检监察组组长）、财务总监一般应当交流任职，畅通省属企业领导人员与州（市）和省级党政机关等领导干部间交流通道。实施"人才强企"战略，加强经营管理人才、技能人才和科技人才队伍建设。加大市场化选人用人力度，稳步提高中层经营管理人员中市场化选聘人员的比例。二是加强董事会建设。进一步明确董事会功能定位，充分发挥董事会定战略、作决策、防风险作用。健全议事规则，规范决策程序，提高董事会运作的规范性和有效性，实现科学民主决策，提升公司治理水平。加强战略与投资、薪酬与考核、审计与风险、提名等专门委员会建设。薪酬与考核委员会、审计与风险委员会的主任由外部董事担任，并逐步实现委员全部由外部董事担任。加强和改进外部董事选聘和管理工作，建设高素质专业化外部董事队伍，提高外部董事在董事会中的比例，省属企业董事会中外部董事的比例逐步达到半数以上。三是健全完善激励约束机制。一方面强化激励机制。采取多种方式探索完善导向清晰、层次分明、重点突出的中长期激励机制，充分调动各类人员积极性和创造性。支持符合条件的混合所有制企业开展管理层和骨干员工持股工作。支持科技型企业实施股权和分红激励。允许科技型企业和"双百企业"实施更加灵活高效的工资总额管理方式，科技型企业工资总额可以实行单列管理，不列入集团公司工资总额预算基数，不与集团公司经济效益指标挂钩，"双百企业"依法依规自主决定内部薪酬分配。另一方面，发挥业绩考核引领作用。坚持行业对标，突出考核重点，将利润、税收、就业、净资产收益率、资产负债率、国有资本收益、科技创新、完成党委政府重大专项任务、党建及党风廉政建设等作为考核的重要内容。实施分类考核，商业类企业重点考核经济效益、资本回报水平和市场竞争能力，公益类企业重点考核核心业务发展水平及发展质量、成本控制、营运效率和保障能力。注重结果运用，依据年度和任期经营业绩考核结果，确定企业负责人的不同绩效薪酬标准，把经营业绩考核结果作为对企业领导班子及成员开展综合考核的重要内容，将考核评价结果作为企业领导人员选拔任用、薪酬与激励、管理监督、培养锻炼和退出的重要依据。四是加大国资监督力度。一方面，切实加强监督。完善综合监督，进一步优化出资人监督机制，通过开展交叉式、推磨式、蹲点式监督，强化对国有资产监管政策制度执行情况的综合检查，发现和堵塞管理漏洞，完善相关政策制度，抓早抓小，防微杜渐。重视协同监督，统筹出资人监督和企业内部监督、纪检监察监督、巡视监督、审计监督以及社会监督力量，建立有效的监督协同联动和会商机制，形成监督合力。另一方面，严格责任追究。强化国有企业在维护国有资产安全、防止国有资产流失的主体责任，健全国有企业违规经营投资责任追究工作体系，完善追责问责制度。落实企业外部监督主体的监督责任，健全国有资产监管机构、审计部门、纪检监察机关和巡视部门在监督工作中的问责机制，对企业重大违法违纪违规问题应当发现而未发现或敷衍不追、隐匿不报、查处不力的，严格追究有关人员失职渎职责任。

4. 浙江省出台的相关政策

2020年5月，为对全年国企改革工作进行总体布局，浙江省颁布《2020年深化国有企业改革工作要点》，其中与职业经理人制度相关的政策包括两点。一是持续深化混合所有制改革，及时总结改革经验,加快全面完成国家混改试点、员工持股试点、全省全民所有制企业公司制改革。二是实施公司治理完善攻坚工作。强化母子公司治理体系,压缩省属企业管理层级,提升集团管控能力和运行效率。深入推进国有企业董事会建设工作,全面开展省属企业董事会运行管理及评价工作;全力推行外部董事制度,进一步提升董事会治理能力;结合企业实际,探索开展"双百行动"等试点企业职业经理人选聘和经理层契约化管理工作,把职业经理人选聘列为年度重点工作进行攻坚。

2020年6月,为做好人才强省、创新强省工作,浙江省颁布《中共浙江省委关于建设高素质强大人才队伍打造高水平创新型省份的决定》,其中与职业经理人制度相关的政策包括三点。一是加快创新型浙商队伍建设。大力实施"浙商青蓝接力工程"和新生代企业家"双传承"计划,全面拓展和提升企业家和企业高层次管理人才全球视野、战略思维和创新能力。二是全方位激发人才创新活力。推进人才计划的市场化评价机制改革,探索竞争性人才使用机制,建立和完善以信任为前提、包容审慎的高层次人才管理机制,对人才引育投入绩效实行总体考核、中长期考核。三是建立健全创新尽职免责机制,探索通过负面清单等方式,制定勤勉尽责规范和细则,鼓励创新,宽容失败。

2020年6月,为进一步深化国有资本投资、运营公司改革试点工作,浙江省颁布《浙江省深化国有企业资本投资、运营公司改革试点实施方案》,提出与职业经理人制度紧密相关的三方面要求。第一,按照中国特色现代国有企业制度要求完善治理结构,两类公司设立党组织、董事会、经理层,建立健全权责对等、运转协调、制衡有效的决策执行监督机制。一是党组织。坚持党管干部原则与董事会依法选择经营管理者、经营管理者依法行使用人权相结合,发挥党组织的领导把关作用。二是董事会。两类公司的董事会负责公司发展战略和对外投资,经理层选聘、业绩考核、薪酬管理，向所持股企业派出董事等事项。董事会成员由执行董事、外部董事、职工董事组成，人选按照干部管理权限确定。三是经理层。两类公司经理层根据董事会授权负责国有资本日常投资运营管理。公司领导班子及其成员管理按照干部管理权限确定，董事长、总经理分设。第二，改进运行模式。一是规范履行职权。两类公司应积极推动所持股企业建立规范、完善的法人治理结构，并通过股东会表决、委派董事和监事等方式行使股东权利，形成以资本为纽带的投资与被投资关系。二是建立市场化选人用人机制。两类公司要建立派出董事、监事候选人员库，董事由董事会下设的提名委员会根据拟任职公司情况提出差额适任人选，报董事会审议、任命，并加强对派出董事、监事的业务培训、管理和考核评价。三是创新考核机制。国有资本投资公司建立以战略目标和财务效益为主的管控模式，对所持股企业考核侧重于执行公司战略和资本回报状况。第三，健全监督约束机制。一是完善监督体系。建立监督工作全覆盖网络架构，整合出资人监管和审计、纪检监察、巡视巡察等监督力量，按照事前规范制度、事中加强监控、事后强化问责的原则，加强对两类公司的监督。二是依法依规追责。两类公司在授权范围内依法依规经营，对违反相关法律法规、未履行或未正确履行职责，在经营、投资中造成国有资产损失或其他严重不良后果的，经调查核实和责任认定后，对相关责任人依法依规进行追责，并追究企业党组织的主体责任和企业纪检监察机构的监督责任。

第二节　混合所有制企业职业经理人制度改革的重要进展

在重点推进国有企业混合所有制改革背景下，职业经理人制度不断得到发展和完善。至 2023 年 3 月，中央企业各级子企业中混合所有制企业户数占比超过70%❶。国资委向建有规范董事会的国有企业进一步下放发展决策权、经理层成员招聘权、业绩考核和薪酬、职工工资分配和重大财务等权限，企业可以进一步落实劳动、人事、分配制度改革，实施薪酬激励与股权激励相结合的差异化激励分配机制，推行"市场化选聘、市场化退出""薪酬能增能减、职务能上能下"的选人用人机制❷。至此，在混合所有制企业推行职业经理人制度成为落实董事会职权、转变国资监管职能的重要抓手。

（一）混合所有制企业推进职业经理人制度建设情况

在党中央、国务院及有关部门的政策指引下，中央及各省（市）国有企业陆续在各层面开展职业经理人制度试点工作，混合所有制企业职业经理人队伍正在逐步扩大。

一方面，中央企业积极探索推行混合所有制企业职业经理人制度。伴随着国有企业混合所有制改革的深入推进，中央企业在党和国家的政策文件指引下，不断推进中国特色现代国有企业制度建设，从董事会建设、市场化选聘、契约化管理、市场化薪酬分配等方面积极探索职业经理人制度改革。截至2021年12月，超过70户中央企业在商业类子企业中建立了职业经理人制度，其中在商业一类子公司中完成职业经理人制度建设的企业超过65%，尤其在军工和机械设备制造企业中完成度最高；超过5%的中央企业子企业经理层成员转化为职业经理人。另一方面，地方国有企业推行职业经理人制度改革成效初显。随着中央不断推

---

❶ 国务院国资委党委. 国企改革三年行动的经验总结与未来展望. 人民论坛，2023（5）：6-9.

❷ 何瑛，杨琳. 改革开放以来国有企业混合所有制改革：历程、成效与展望[J]. 管理世界，2021（7）：44-60.

出深化国有企业改革的配套性政策，地方省（市）也积极深化和加速推进国有企业改革的进程，不断出台规范和指导地方国有企业推行职业经理人制度的政策。地方国有企业中涌现出一批试点企业，在因地制宜、因企施策推进职业经理人制度建设工作方面，积累了宝贵经验。从总体实施情况来看，上海、天津、四川省市级国资委一级企业选聘职业经理人的数量最多，其中上海市推进速度最快、选聘人数最多。截至 2022 年 9 月，上海市混合所有制企业已普遍建立"三能机制"，其中 19 户市管企业已聘用职业经理人 115 名，按照"一人一约"方式约定权利义务、明确业绩目标。山东省贯彻落实三项制度改革中的"管理人员能上能下"要求，省属企业管理人员 2020 年'下'的人数较 2017 年增长 137%，20 户省属企业对管理人员实行了淘汰制，涉及山东重工集团、山东高速集团、鲁商集团等重点企业。在中长期激励机制方面，截至 2021 年 3 月，山东省属企业旗下 A 股上市混合所有制企业实施股权激励的覆盖率达 39.3%，列地方国资第一位。股权激励实施后，鲁商发展、华鲁恒升、新华制药等公司实现了骨干管理人才零主动流失。

（二）混合所有制企业职业经理人制度的建设模式

混合所有制企业推行职业经理人制度普遍处于探索阶段。据统计，截至 2021 年 7 月，按照相关制度与职业经理人签订契约合同的子公司只占 5% 左右。其中，商业一类企业建立职业经理人制度的比例超过 50%，商业二类企业只有 1/3 左右推行了职业经理人制度，公益类企业很少试点职业经理人制度。总体上，混合所有制企业推行职业经理人制度的方式主要分为以下三种模式。

1. 现有公司探索模式

一是全面探索模式。适用于竞争性领域中市场化程度较高的国有企业，企业文化包容、开放，员工具有较强的市场化意识。例如，新兴际华集团对整个经营班子进行了市场化选聘，探索出了"党组织推荐、董事会选择、市场化选聘、契约化管理"的选人用人新机制。二是局部试点模式。只拿出少部分紧缺岗位面向市场选聘职业经理人，明确职业经理人的市场化身份和契约化管理模式，实现对职业经理人"能上能下、能高能低、能进能出"的"强激励、硬约束"。如果聘任期满不合适，则不再续签。

2. 新成立公司特区模式

在国有企业新设的子公司或者新兴业务板块，拿出若干岗位开展职业经理人市场化选聘。新设立公司对照"操纵指引"要求和企业发展需求，严格制定职业经理人制度，提供市场化薪酬，实施契约化管理。新聘职业经理人从入职开始就接受职业经理人制度管理，一方面没有与"老员工"相互攀比的环境，不会形成求稳的思维模式；另一方面，按照市场方式管理的新企业没有行政化色彩，文化氛围高度统一，因此，新聘员工内心更容易接受职业经理人管理模式，便于实施职业经理人制度。金融、地产等行业的企业经常采用这种模式。例如，中国能建选取所属财务公司、融资租赁公司以及葛洲坝装备工业公司作为试点单位，市场化选聘了3名总经理，创造了更大市场效益。

3. 并购企业双轨制模式

民营企业被国有企业收购之后，成为混合所有制企业，国有企业对原民营企业管理人员按照职业经理人管理模式进行管理；

如果由国有企业派出经理人管理被收购企业,则仍然按照原体制内的管理方式进行管理。混合所有制改革往往成为推行该模式的契机。例如,中国建材集团收购民企之后,常常留用有能力、有业绩、有职业操守的原民企老板,以职业经理人身份进行管理,同时解决管理人才来源问题。

(三) 混合所有制企业职业经理人制度建设的主要成效

混合所有制企业职业经理人制度建设工作已从起步阶段进入完善阶段,取得明显成效。

1. 不断完善法人治理结构,积极推进董事会建设

截至 2021 年 9 月的统计数据显示,随着国企改革三年行动实施方案的落地,混合所有制企业法人治理结构正不断完善,董事会建设日趋规范。一是加强董事会建设。央企集团和地方一级企业基本建立了规范董事会,超过 78% 的中央企业子企业实现外部董事占多数。二是进一步落实董事会职权。中央企业重要子企业在落实董事会中长期发展决策权、重大财务事项管理权的比例已经超过 70%。例如,中车株洲所、北方华创等企业的控股股东向企业授予了重大决策、选人用人和考核分配等主要职权。三是加强保障经理层履职权。在超过 70% 的中央企业集团和地方一级国有企业中,建立了董事会向经理层授权的管理制度。

2. 培养内部市场化文化氛围,推动职业经理人制度落地

调研发现,多数混合所有制企业已经认识到内部市场化经营理念是否深入人心是企业能否顺利实施职业经理人制度的重要前提。因此,能够结合企业所处行业和发展阶段,培养内部市场化文化氛围。例如,打破领导人员干部身份。通过干部培训、思想

宣贯，引导领导人员转变级别意识，逐步卸下"政治身份"包袱，推行关键岗位市场化选聘、外部引进人才等管理措施。对职业经理人制度接受程度较好的企业，内部市场化经营管理机制都较为完善。这类企业主业处于充分竞争行业和领域，为应对市场竞争压力，积极主动优化"五化环节"管理制度，形成了良好的企业文化，典型代表是商业一类企业。例如，华润雪花啤酒是最早探索市场化制度的中央企业，经理人面对因业务调整、架构调整等原因伴生的进、退、留、转等岗位调整时，均能够坦然接受。

3. 完善激励约束机制，激发职业经理人活力

混合所有制企业不断完善职业经理人激励约束机制，对企业职业经理人坚持"严管"与"厚爱"、"激励"与"约束"并重，将职业经理人利益与企业长期业绩提升紧密结合，牵引企业持续做强做优做大。

一是探索合理提升薪酬总水平。按照"业绩与薪酬双对标"原则，职业经理人试点企业根据行业特点、企业发展战略目标、经营业绩、市场同类可比人员薪酬水平等因素，合理提高职业经理人薪酬总水平。例如，中车长江集团实施"科改示范行动"后，在新兴产业项目团队进行全社会公开招聘职业经理人，薪酬总水平按照"业绩与薪酬双对标"原则，高于公司同层级领导人员3倍年薪，通过"阶段目标+阶段评价+阶段考核+退出硬约束"的契约，规范职业经理人管理，内生动力显著提升。

二是不断丰富中长期激励工具。作为"1+N"国企改革政策体系重要组成部分的国有企业中长期激励政策工具不断丰富，有的侧重于按"管理要素"分配（如任期激励），有的侧重于按"技术要素"分配（如岗位分红权），有的侧重于按"资本要素"分配（如员工持股和跟投机制），有的则侧重于按"知识要素"

分配（如股权、期权和科技成果作价入股）。混合所有制企业尝试通过中长期激励工具，调动职业经理人积极性，提升国有企业活力和效率。

三是逐步落实市场化退出机制。"因任期经营业绩不达标，而解除聘任关系"是市场化退出机制的关键，也是实操过程的难点。但仍有混合所有制企业积极尝试落实该项制度标准。南京龙源环保有限公司推行职业经理人制度，市场化选聘经理层成员5人，签订绩效合约，明确若业绩考核不合格，董事会有权解除聘用。同时，强化考核结果刚性应用，截至2021年3月，已有2名经理层副职实现了市场化退出。

第三节　混合所有制企业职业经理人制度建设的现存问题

虽然混合所有制企业职业经理人制度在"市场化选聘、契约化管理、差异化薪酬、市场化退出"等方面已做出了积极的探索，但实施职业经理人制度的混合所有制企业的比例较低、范围有限，结合访谈调研和调查问卷分析来看，主要是在选聘、管理、薪酬、退出、监督管理等环节仍存在难点问题。

（一）混合所有制企业推行职业经理人制度整体进展不充分

为深入了解混合所有制企业职业经理人制度建设情况，课题组共发放问卷175份，回收有效问卷150份，回收率为85.7%。在填答问卷企业中，商业一类公司占53.85%，商业二类公司占41.35%，公益类公司占4.81%。从推行职业经理人制度的企业层级来看，主要集中在二、三级公司（占比分别为63.5%和

市场化选聘	45.65%
契约化管理	26.09%
差异化薪酬	22.83%
市场化退出	45.65%
监督管理	17.39%

图 3-3 推行职业经理人制度过程中的难点环节

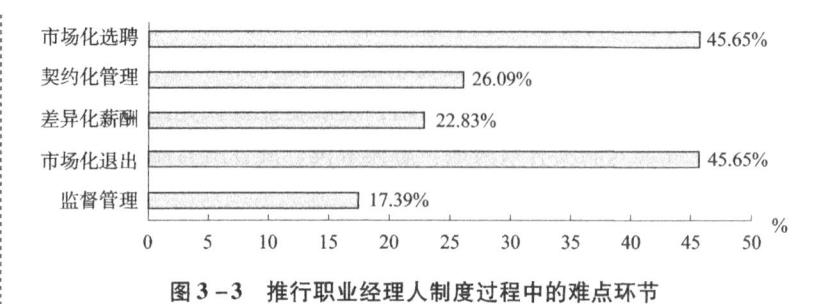

（二）混合所有制企业推行职业经理人制度的难点环节

1. 市场化选聘环节

一是职业经理人来源不够广泛。混合所有制企业职业经理人通过内部管理者转化和外部管理者引进两种方式产生。虽然混合所有制企业是通过市场化方式选聘职业经理人，但是相当高比例的职业经理人由内部管理者转化而来。我国职业经理人市场机制仍然滞后于我国经济社会发展，外部职业经理人市场不够成熟，资质认证体系尚未健全，信任缺失下的选聘会加大企业的经营风险，因此整体外部环境不利于混合所有制企业从外部选聘职业经理人。问卷调研显示，大多数混合所有制企业内部转化的管理者超过职业经理人队伍的80%，甚至达到100%。外部管理者引进数量与《中共中央、国务院关于深化国有企业改革的指导意见》中的要求"实行内部培养和外部引进相结合……合理增加市场化选聘比例"尚有一定差距。与外部引进的管理者相比，内部管理者长期服务于企业，受企业发展模式影响，经营管理理念相对固化。大量从内部选聘职业经理人，企业易产生"观念固化、稳定有余、创新不足、质量不高"等问题。

二是内外部管理者对职业经理人制度存在较多顾虑。由于大量混合所有制企业内外部管理者持观望态度，延缓了推进职业经理人制度的进程。内部管理者对职业经理人的认知与定位并不清晰，保守思想较为严重，没有准备好"救生圈"之前不愿走出舒适圈，既想转换身份，又害怕制度惩罚，他们对市场化选聘的包容接受问题突出。调研结果显示，内部转化者的主要顾虑来自对职业经理人制度的认识不足，担心被解聘后失去工作和原有政治待遇，希望转变身份后还有机会转回，如图3-4所示。外部管理者对职业经理人制度缺乏信心，担心难以融入混合所有制企业，能力无法充分施展。调研结果显示，外部选聘者主要担心难以融入企业文化、企业原有成员消极配合工作、职业经理人相关政策、制度尚不完善引发潜在风险以及契约确定权利无法落实等，如图3-5所示。

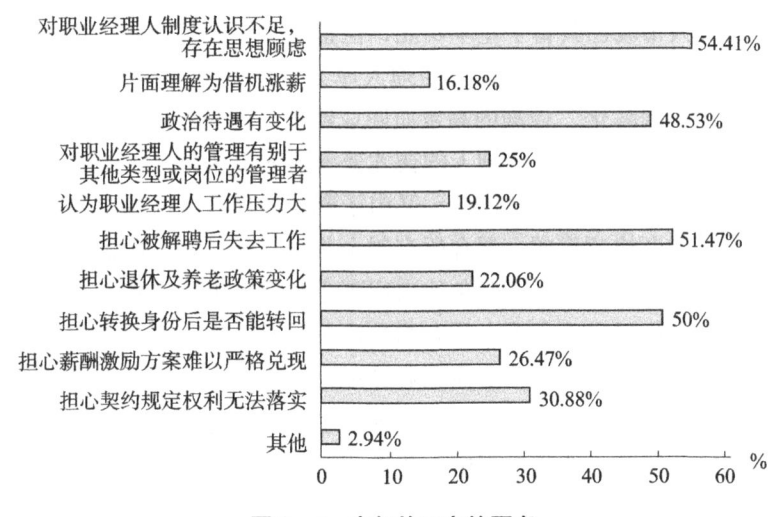

项目	比例
对职业经理人制度认识不足，存在思想顾虑	54.41%
片面理解为借机涨薪	16.18%
政治待遇有变化	48.53%
对职业经理人的管理有别于其他类型或岗位的管理者	25%
认为职业经理人工作压力大	19.12%
担心被解聘后失去工作	51.47%
担心退休及养老政策变化	22.06%
担心转换身份后是否能转回	50%
担心薪酬激励方案难以严格兑现	26.47%
担心契约规定权利无法落实	30.88%
其他	2.94%

图3-4　内部管理者的顾虑

至引发工作矛盾与内部分裂。2018 年,对安徽省省属混合所有制企业职业经理人制度试点工作的调查显示,有 42.86% 的人员担心"有的企业负责人对职业经理人薪酬待遇超过自己产生心理不平衡,不愿推行职业经理人制度",从侧面也反映了这一问题。

4. 市场化退出环节

执行职业经理人退出机制不彻底,内外部选聘职业经理人退出方式不一致。从职业经理人的退出方式来看,关于"外部选聘与内部选聘的职业经理人退出方式是否一致"这一问题,问卷调研的结果(图 3 - 10)显示差异很大,只有不到半数的受访者所在企业采用了统一退出方式。《操作指引》要求"如果职业经理人没有按照约定完成合同任务,就应该解除(终止)聘任关系"。但在实际操作过程中,多数混合所有制企业都没有彻底执行这项要求。内部选聘的职业经理人在退出时多数会采取"可双向选择集团其他职业经理人岗位"办法(图 3 - 11),主要缓冲方式包括:留用观察一年、转为专业技术序列岗位、退居二线、内退、降级降岗转为普通员工等。外部选聘的职业经理人更多是会"直接解聘并解除劳动合同"(图 3 - 12)。

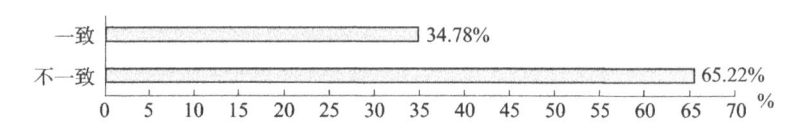

图 3 - 10 内外部选聘的职业经理人退出方式的一致性

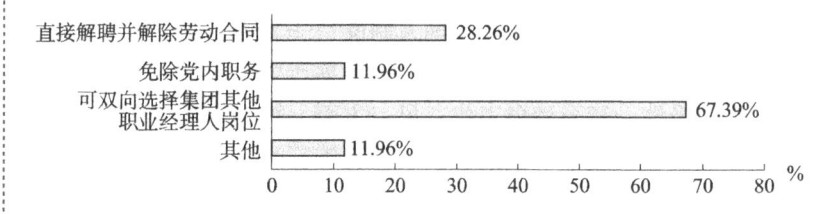

一致 34.78%
不一致 65.22%

图 3 - 11 内部转换身份为职业经理人的退出方式

直接解聘并解除劳动合同 28.26%
免除党内职务 11.96%
可双向选择集团其他职业经理人岗位 67.39%
其他 11.96%

直接解聘并解除劳动合同	89.25%
免除党内职务	10.75%
可双向选择集团其他职业经理人岗位	16.13%
其他	4.3%

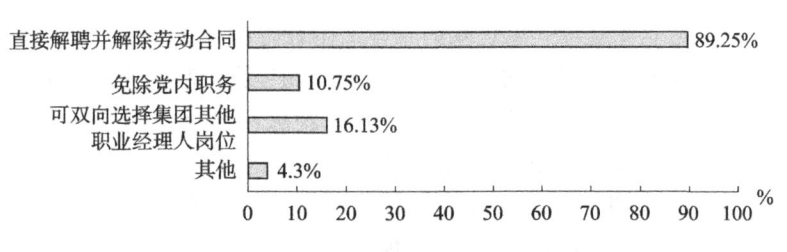

图 3-12 外部选聘职业经理人的退出方式

5. 监督管理环节

一是培养体系尚需完善。调查结果显示，在《操作指引》中列出的六项监督管理要点中，较多受访者认为混合所有制企业在培养发展职业经理人方面存在问题（图 3-13），而职业经理人培养体系有效性不足是其中的一个较大难题（图 3-14）。

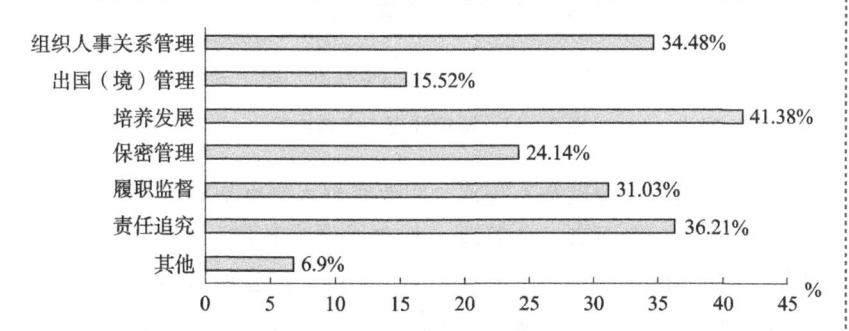

组织人事关系管理	34.48%
出国（境）管理	15.52%
培养发展	41.38%
保密管理	24.14%
履职监督	31.03%
责任追究	36.21%
其他	6.9%

图 3-13 职业经理人监督管理过程中存在困难较多的环节

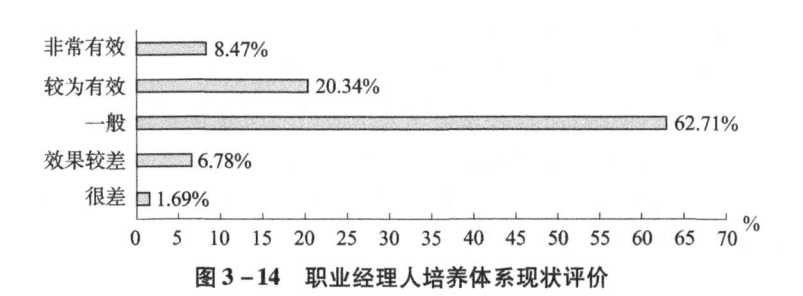

非常有效	8.47%
较为有效	20.34%
一般	62.71%
效果较差	6.78%
很差	1.69%

图 3-14 职业经理人培养体系现状评价

二是职业经理人思想政治教育工作有待进一步加强。对"职业经理人考核内容"的统计分析显示，混合所有制企业非常重视"经营业绩"指标"廉洁自律"指标，绝大部分受访者选择了这两项指标；相比之下，只有 58.62% 的受访者选择了"政治素养"指标（图 3-15）。在《操作指引》的监督管理相关环节操作要点中，要求对职业经理人加强思想政治教育，提高职业经理人的政治素质。因此，混合所有制企业要进一步重视职业经理人的思想政治教育工作。

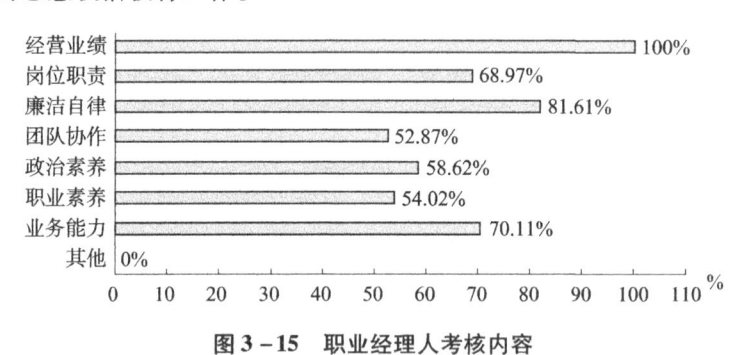

项目	百分比
经营业绩	100%
岗位职责	68.97%
廉洁自律	81.61%
团队协作	52.87%
政治素养	58.62%
职业素养	54.02%
业务能力	70.11%
其他	0%

图 3-15 职业经理人考核内容

三是配套管理机制不完善。职业经理人制度对混合所有制企业管理者实行全面市场化管理，打破了原有传统行政管理模式，但管理部门出台的新制度配套机制不完善，混合所有制企业落实监督管理制度的时候，缺乏政策依据，面临较多实操难题。在职业经理人个人事项申报、因私出国（境）管理、履职待遇和业务支出、兼职（任职）管理等问题的处理上，存在认识模糊地带。以组织人事关系管理为例。对于共产党员身份的职业经理人，聘任合同签订后，其党组织关系需转入所在企业党组织统一管理。但是，职业经理人退出后，其党组织关系转出时间、转出地点等暂无明确规定。如何管理职业经理人的人事档案也未形成明确的管理规定和配套制度。

四是退出后追索扣回困难。在追索扣回方面,对于职业经理人追索扣回机制的触发条件、追索扣回人员范畴、追索扣回薪酬的范畴和追索扣回的主体与保障没有明确的规定,如何建立职业经理人有效追责追溯机制通常被忽略。问卷调研显示,有43%的受访者认为"追索扣回配套管理机制不完善,职业经理人退出后追索扣回存在困难"。

第四章　混合所有制企业
职业经理人制度建设的实践案例

《操作指引》从市场化选聘、契约化管理、差异化薪酬、市场化退出、监督管理五大关键环节，进一步明确了混合所有制企业制定职业经理人制度的操作要点。因此，本章按照五大关键环节分析部分混合所有制企业职业经理人制度建设的特色做法。

第一节　市场化选聘环节案例

1. 国投电力职业经理人市场化选聘五步流程

2015年，国投电力公司（以下简称"国投电力"）开始推行职业经理人制度。2016年，国投电力完成了包括总经理、副总经理、董事会秘书在内共6名职业经理人选聘工作，并在下属公司中逐步引入职业经理人。主要由试点公司董事会根据企业发展规划提出人才需求，通过组织选拔、竞争上岗、公开招聘、市场猎取等方式选聘，重点考察候选人的政治素质、综合能力、专业素养、职业素养和工作业绩。

国投电力市场化选聘流程主要包括提需求、荐人选、严考察、慎研究、行聘任五个重要环节。第一，由试点公司根据企业人才需求，制定选聘方案，报送公司党组织审批。第二，推荐人选既可通过组织选拔，由集团党组织推荐，提出初步人选；也可由试点公司董事会、党委根据报名（或推荐）和资格审查情况，提出初步人选。第三，在考察评估方面，由董事会组织对备选职业经理人专业水平、思想道德等方面进行测试，进一步考察、评估其履职能力。第四，在稳慎研究人选方面，由子公司党委根据测试评估资料，审慎研究入选职业经理人名单，上报董事会。第五，在实施聘任方面，由董事最终确定职业经理人聘任名单，并公开发布。

国投电力自主决策选聘职业经理人是国投电力董事会下放70余授权事项之一，除了人事权，薪酬分配权和决策权等关键事权也同步下放。国投电力科学选聘职业经理人五步流程，不仅为集团及分公司精准选聘良才，为国投电力全面改革提速，而且能有力加快中央企业走向市场化的进程。

2. 华侨城集团开展多层次、全方位职业经理人市场化选聘工作

华侨城集团为进一步拓宽选人用人视野，从各个领域、各个行业精准引进领军和关键人才，在加大内部选拔任用力度的基础上，通过公开竞聘、市场化选聘、外部单位交流等方式，放眼各条战线、各个领域，积极引进各层次市场化优秀人才，充实到各级企业领导班子，针对性地补足短板，逐步完善各级班子结构。面向全集团开展职能部门负责人公开竞聘，原职能部门负责人"全体起立，重新坐下"；依托混合所有制改革，通过并购重组外部企业，混改成立旅游投资、商业管理、科技研究、养老健康等企业，成建制引进关键人才及其核心团队。

启动主题公园全球招聘，聚焦文旅主业，精准猎挖主题公园高端职业经理人，集聚一批优秀主题公园职业经理人，努力打造"德才兼备、能力过硬、全球领先"的高素质主题公园职业经理人管理团队,为华侨城文化旅游和欢乐谷集团跨越发展提供人才保障。

3. 中车株洲所"竞聘上岗"和"总经理组阁"试点

中车株洲电力机车研究所有限公司(以下简称"中车株洲所")是中国中车股份有限公司一级全资子公司,已形成从关键芯片、器件、系统到整机的完整技术链和产业链,是一家科技型公司,被称为中国高铁的"大脑"和"心脏"。自2018年以来,通过竞争上岗方式选拔的职业经理人占比已超过60%。

中车株洲所市场化选聘职业经理人的特色是实施"竞聘上岗"和"总经理组阁"试点。一是设立对标市场的岗位条件,明确岗位职责,明晰任职条件,市场化选任良才猛将;二是设立压力型差异化薪酬待遇,构建职业经理人年度考核的360度评价模式。2018年起全面推行284位职业经理人强制排序,分A、B、C三个等级,C等级年薪核减15%~20%,同一层级经理人薪酬最高者是最低者的1.55倍,30人次受到扣减绩效年薪、诫勉谈话等处罚,另有6位因末位被强制退出。

近年来,中车株洲所设计实施的具有激烈竞争性的职业经理人选聘方案,不仅为职业经理人大展拳脚、干事创业开辟广阔空间,创造了风清气正的创新创业氛围,更有效激发了职业经理人的强烈事业心和责任感。

4. 上海建工集团职业经理人续聘案例

上海建工集团是典型的老牌国企,上海建工集团总公司持有其30.19%的股份,而上海国资委持有上海建工集团总公司100%股份。上海建工集团是建筑行业的龙头企业之一,位列2022年《财富》世界500强第321位,2021年和2022年连续两年被《财富》杂志评为"中国最具影响力的50位商界领袖";

2022年,被《工程新闻记录(ENR)》评为全球最大250家工程承包商第7位。

2016年,上海建工集团开始探索职业经理人制度。2017年,该集团正式聘任9位职业经理人,包括副总裁7人、总工程师1人、总经济师1人,并签订了《目标责任书》。3年以后(2020年),第一轮内部转换身份的职业经理人聘期即将到期,是继续聘任自家转换身份的职业经理人,还是部分或全部外部聘请新的职业经理人?经过激烈讨论形成三个备选方案:方案一是继续聘用内部转换身份的职业经理人;方案二是聘用一部分外部职业经理人,保留内部转换身份的职业经理人;方案三是解聘所有内部转换身份的职业经理人,全部由外部职业经理人代替。最终,决定续聘内部转换身份的职业经理人。

上海建工集团选择第一个方案有三点原因。一是内部转换身份的职业经理人对公司更为熟悉,相比外部选聘的职业经理人,内部人对企业文化适应性更强、归属感更强、忠诚度更高。二是公司现有职业经理人成绩显著,已通过调整战略方案,实现公司营业收入大幅度增长。依据职业经理人的退出原则,在内部职业经理人按照聘期考核目标已经完成任务的情况下,公司无理由任意解聘内部转换身份的职业经理人。三是重发展轻形式。尽管内部转换身份职业经理人和外聘职业经理人具有渠道来源差异,但提升公司业绩和运营效率,强化市场化机制和契约化管理更为重要。

由此可见,公司续聘内部转换身份的职业经理人,不仅能够培养一支忠诚干净有担当的高素质专业化人才队伍,更能确保企业发展源远流长。

5. 中石化易捷打破"论资排辈",开展市场化选聘

中石化易捷销售有限公司(以下简称"中石化易捷")是中

石化销售股份有限公司的全资子公司，主要从事便利店、广告、快餐、电子商务等非油品业务。中石化易捷坚持"实体服务＋平台增值"发展思路，不断扩大便利店业务规模，以2.8万座便利店高居全国连锁便利店数量排行榜榜首，2021年品牌价值达到184.61亿元。

2019年，中石化易捷制定了《职业经理人制度》和《市场化公开招聘工作方案》，面向社会公开遴选公司经营班子成员，打破"论资排辈"的用人传统。一方面，一次性拿出总裁、副总裁、财务总监等5个高管岗位面向全社会进行公开选聘，彰显出推进改革的决心和魄力。通过中石化官方微信公众号、社会主流招聘媒体、国内知名猎头公司等渠道大力营造声势。招聘公告发布后，报名应聘总人数接近7000人，其中中石化系统内部应聘人员只有8%。另一方面，组建成立招聘领导小组，统筹协调市场化选聘工作。通过资格审查、笔试及评委四轮面试等环节，最终选定5名经理层成员。其中，总裁来自沃尔玛，运营副总裁来自7-Eleven，其他3人来自中石化系统内。此外，经理层中"70后"4位，"80后"1位，年龄结构更趋合理。

6. 广汽集团循序渐进选聘职业经理人

广州汽车集团股份有限公司（以下简称"广汽集团"）主营业务涵盖汽车研发、整车、零部件、商贸服务、金融服务、出行服务六大板块。在2022年《财富》杂志世界500强企业排行榜中，广汽集团连续十年上榜，名列第186名。

汽车行业是充分竞争型行业，在高度市场竞争压力下，传统用人方式难以适应市场化竞争需求。2018年，借助"双百行动"改革契机，广汽集团积极探索体制机制创新，在广州市属企业层面率先开展职业经理人改革试点，除党委书记、董事长，党委副书记，纪委书记，广州市委组织部管理的集团所有经理层，包括总经理1人、副总经理6人、总会计师1人,均作为职业经理人改革试点职位。

在推进职业经理人改革过程中,广汽集团始终把"坚持党的领导"放在首位,充分发挥党组织把方向、管大局、保落实的领导作用,把加强党的领导和完善公司治理统一起来,坚持党管干部与董事会依法选择经营管理者、经营管理者依法行使用人权相结合,坚持和完善双向进入、交叉任职的领导体制,落实党委委员依法进入董事会和经理层。

广汽集团坚持依法依规、循序渐进推进职业经理人市场化选聘工作。一是采用内部转化和外部引进相结合方式,打造市场化选聘机制。在内部转化上,通过内部市场化选聘打破原市管干部"铁饭碗"。有转化意愿的领导干部需先提出申请,通过考评委员会综合考评后,方可以转为职业经理人,脱离市管干部身份。在外部引进上,坚持"优中选优",通过公开招聘及市场寻聘招引"四方才"。二是建立科学的职业经理人选聘标准。集团党委和董事会共联共商选聘标准,通过政治素质、职业操守、职业化能力、业绩表现等几个维度,全方位评估候选人能力。三是把好选聘程序关口。首先,坚持将党管干部原则与董事会依法选择经营层有机融合作为选聘指导原则。其次,成立考评委员会,集团党委书记、董事长,党委副书记,纪委书记,董事,广州市委组织部、市国资委选派干部等14人组建成立考评委员会,全方位综合考核被选职业经理人,给出考评意见。最后,依据考评委员会的评价结果,集团党委审议初步拟聘人员名单,经广州市委组织部、市国资委党委同意后,向集团董事会提出推荐意见,由董事会确定最终要聘任的职业经理人,并签订聘用合同。

截至2021年,广汽集团分三批圆满完成8个岗位的职业经理人招聘工作。

7. 四川商投集团授权放活，市场化选聘职业经理人

四川省商业投资集团有限责任公司（以下简称"四川商投集团"）是四川省人民政府批准成立的省属国有大型骨干企业，是四川首家新组建的国有资本投资公司、省属唯一的现代商贸流通服务产业投资平台，主要业务聚焦民生服务，涵盖放心食品、医药健康、现代物流、现代工贸、城乡配套建设、产业服务六大业务板块，在四川省现代商贸流通服务领域的影响力、带动力、控制力不断增强。2022年9月，中国企业联合会在京发布"2022中国企业500强"和"2022中国服务业企业500强"榜单，四川商投集团分别名列第452位、159位，连续第三年入选以上榜单。

2018年，四川商投集团列入国务院国资委国企改革"双百行动"，积极探索职业经理人制度，建立了"责权明晰、奖惩分明、特点突出、流动有序"的职业经理人管理机制，助推企业高质量发展。

第二节　契约化管理环节案例

1. 国投电力公司职业经理人契约化管理制度

2016年，国投电力公司与6名职业经理人签订了《劳动合同》《聘任合同》《年度绩效合约》《任期绩效合约》，以明确市场化身份和契约化管理模式，首批选聘的职业经理人实行任期制，三年为一个任期，聘期届满可以续聘，也可以自然解除聘任关系。四份合同的主要内容分别为：一是《劳动合同》，要求期限上与聘期一致，聘期届满续聘的，再续签，其中集团内部员工转任的，先要解除原劳动合同，再与国投电力公司重新签订；二

是《聘任合同》，由国投电力公司与职业经理人签订，明确聘期、行为规范及双方责任、权利、义务，约定奖惩依据、离职或解聘条件、离职补偿、责任追究等事项；三是《年度绩效合约》，对应经理层及每位经理人，由董事会授权代表与总经理签订经理层年度绩效合约、总经理个人绩效合约，总经理与经理层其他成员分别签订年度绩效合约；四是《任期绩效合约》，对应经理层，由董事会授权代表与总经理签订。

这些完备制度的建立，有力保证了职业经理人契约化管理的有效性，形成了组织内部依规约束承担责任的良好机制。

2. 新兴际华集团契约化管理制度

2015年10月，新兴际华集团完成了总经理市场化选聘工作，随后在集团各层面推动职业经理人队伍建设，到2020年，已经完成90%以上的三级子公司经理层的市场化选聘工作。该集团主要通过《年度经营业绩考核责任书》《业绩考核办法》《薪酬管理办法》三个契约实现了"管理契约化"，明确规定了拟聘任岗位年度及任期目标、任务、奖惩等条款。对于由董事会选聘的高级管理人员，坚持激励与约束、权利与义务相统一，坚持责任与职位、薪酬与业绩相一致，突出发展质量和效益导向，年度业绩和薪酬考核实行"利润确定总薪酬、关键指标严否决"。

这些契约管理制度的建立，实现了董事会和经理人对于目标的共同确认、薪酬回报的考核和兑现承诺。

3. 云南云天化积极推进董事会向经理层授权

云南云天化股份有限公司（以下简称"云南云天化"）是全球优秀的磷肥、氮肥、共聚甲醛制造商，中国化工百强上市公司，全国国有重点企业管理标杆企业，国有企业公司治理示范企业。

为更好地推进职业经理人制度，云南云天化加大对经理层授权放权力度。在新修订的《云天化投资管理制度》中，总经理办公室审议事项由 5 项增加为 9 项，重点扩大了项目投资决策权，将原条款中"审议批准投资金额占上市公司最近一期经审计净资产的 10% 以下，且绝对金额不超过 1000 万元的股权投资项目"，扩展为"交易涉及的资产总额（同时存在账面值和评估值的，以高者为准）占公司最近一期经审计总资产的 10% 以下的投资项目；交易的成交金额（包括承担的债务和费用）占上市公司最近一期经审计资产的 10% 以下的投资项目；交易产生的利润占上市公司最近一个会计年度经审计净利润的 10% 以下的投资项目；交易标的在最近一个会计年度相关的营业收入占上市公司最近一个会计年度经审计营业收入的 10% 以下的投资项目；交易标的在最近一个会计年度相关的净利润占上市公司最近一个会计年度经审计净利润的 10% 以下的投资项目"。通过下放经理层权力范围，有力保障了职业经理人的执行效率。

4. 华润集团"三个契约"管理模式

为明确职业经理人担任职务期间的责权利，华润集团通过三个契约建立与职业经理人的纽带关系，约定工作目标、奖惩标准、支付流程、监管要求等多方面内容。一是通过《党建工作责任书》压实全面从严治党主体责任，构建包含责任公示、责任签订、责任监督和责任追究等内容的责任体系，将党建工作"清单化"并落实到每个相关职业经理人身上，确保责任传递到位、督查到位、落实到位，与"一岗双责"职业经理人建立"党建契约"。二是通过华润集团"诚实守信、业绩导向、以人为本、创新发展"的核心价值观，提升经理层的向心力和凝聚力，增强职业经理人的"文化契约"。三是通过聘任协议、经营业绩责任书

（年度和任期），综合考虑企业业绩发展要求与整体战略目标，构建以目标为导向的职业经理人任期管理体系，强化业绩考核和刚性兑现，与职业经理人建立"经营契约"。

5. 中石化易捷打破"铁饭碗"，推进契约化管理

中石化易捷加强职业经理人契约化管理，落实岗位职责、经营业绩，保障经营压力传导到位，打破企业领导人员"铁饭碗"。

一是实现从"身份管理"到"岗位管理"转变。以市场化改革为方向，取消了领导人员行政级别，优化了职位序列，形成了以岗定责、以能定职、岗变职变的职级动态化机制。2019年，中石化易捷3名内部转换的职业经理人全部签订了《转换身份协议》，其人事档案脱离企业，委托给第三方机构纳入社会管理，变身份管理为岗位管理。

二是通过契约化管理，保障职业经理人权责利相统一。一方面，综合考虑行业特点、企业发展战略、公司治理水平、企业市场竞争力等要素，梳理了本级公司工作职责，进而优化经理层的权责清单，通过充分授权为职业经理人"赋能"。另一方面，通过《聘任协议》《劳动合同》《保密协议》《廉洁承诺书》等协议，约定聘任岗位、聘任期限、目标任务、职责权限等事项，夯实职业经理人制度的基础管理体系。其中，重点工作是签订绩效目标责任书，压实责任，推动刚性考核。通过签订《年度绩效责任书》和《任期绩效责任书》，以契约形式固定职业经理人薪酬与公司经营业绩的关系。

三是建立动态考核评价体系。2019年，中石化易捷按照"一岗一策"原则，围绕企业发展战略、年度重点任务、五名职业经理人各自负责的主要工作，建立了一级战略目标和二级关键绩效指标库，为每位职业经理人制定了KPI（关键绩效指标）考核评价指标，通过细化量化量表方式将年度工作任务分解到各

月，明确时间节点及进度要求，根据 KPI 考核结果兑现绩效奖金。

6. 农发种业因地制宜制制定年度经营业绩考核体系

中农发种业集团股份有限公司（以下简称"农发种业"）是中国农业发展集团有限公司种植业板块的领军企业，也是目前中央企业中唯一的种业上市公司，业务涵盖玉米、小麦、水稻三大粮食作物等农作物种子、农药、肥料以及农业综合服务业务。目前，农发种业已成为中国种子行业信用评价 AAA 级企业、中国种子协会副会长单位、国际种业科学家联盟副主席单位。

2019 年，农发种业以国企改革"双百行动"为契机，加强关键岗位关键人员管理，在四家被并购企业中推行职业经理人制度，破解原高管团队固化僵化、追求卓越的动力不足、协同发展意识不强等问题。

在职业经理人契约化管理方面，农发种业制定了《企业经营班子业绩考核管理办法》《职业经理人管理暂行办法》，在所属企业推行全面绩效考核。重点根据被并购企业实际发展情况，一企一策，有针对性地制定职业经理人年度经营业绩考核评价体系，克服短期行为。一是经营业绩指标。为保证考核指标具有挑战性和可行性，体现多劳多得原则，从企业过去几年实际利润中选取高位区间为基准，经财务测算确定合理责任利润目标，将经理层成员收入与业绩紧密挂钩，实现职业经理人与企业共同发展。二是战略目标指标。围绕集团发展目标，根据各被并购企业实际经营情况，制定重点战略目标指标，主要包括加强市场推广能力、改善资产结构、加强风险和内控体系建设等议题考核指标，倒逼企业解决发展过程中的核心问题，建立促进高质量发展的长效机制。三是红线指标。如发生重大违法违纪事件、安全生产等事故，实行奖金"一票否决"。

7. 广汽集团强化责权利相统一的契约化管理模式

一方面，加大放权力度，保障职业经理人履行职权。为了保证职业经理人的责权利相统一，在系统梳理经理层授权管理制度基础上，广汽集团完善了近 200 条相关制度规定，通过修订《公司章程》《董事会议事规则》《总经理工作细则》等，确定了总经理的 12 项职权、副总经理的 7 项职权，进一步明确总经理与副总经理的管理权责。职业经理人的自主经营权主要包括：董事会批准年度事业计划报后，授权经理层推进实施计划内的具体事项；董事会审批物业租赁、委贷等重大事项的年度计划后，授权经理层决定具体实施时；提高经营层的重大事项决策权限，经理层可决定 3 亿元投资额以下的重大项目。此外，为了让经理层既有"真权"又有"实责"，广汽集团通过落实经理层向董事会报告机制，有效监督经理层的权利，经理层每年定期两次集中向董事会报告经营计划完成情况，专项汇报重大事项执行情况。

另一方面，打造立体式考评机制，推动职业经理人与企业共同成长。以年度和任期经营业务为核心，构建企业长远目标与短期目标相协调的动态考核体系，坚持刚性考核。围绕"两利四率"设置经营业绩指标，占职业经理人年度和任期考核指标权重不低于 50% 和 80%。在年度考核中，增加个人岗位业务指标和党风廉政建设指标；采用定性与定量相结合的方式，以定量为主、定性为辅，综合运用 KPI、360 度考核等工具提升年度考核的科学性和准确性。在任期考核中，增设董事会综合评价指标；以三年作为一个考核周期，全面评估职业经理人任职能力。年度考核和任期考核评价结果是董事会是否续聘职业经理人的重要参考依据。广汽集团坚持"高于行业水平、高于历史水平"原则设置考核目标，让职业经理人"跳一跳、摸得着"。例如，虽然 2018—2020 年汽车行业整体萎靡，销售量一直为负增长，但是职业经理人每年销售增长目标仍为正，比每年行业预测增长率分别多7.5%、3.6%和2.6%。显然，广汽集团对职业经理人考核目标较高，达到了"具有较强的挑战性，力争跑赢市场、优于同行"目标。

第三节　差异化薪酬环节案例

1. 上海电气环保集团根据子公司业务特点设计针对性激励机制

上海电气环保集团是上海电气集团股份有限公司下属的综合性二级产业集团。2018年，上海电气环保集团成为全国"双百行动"国有企业改革试点单位，并开始探索职业经理人制度。2020年初，集团已对3家直属企业、9家生物质电厂和光伏电站、本部3家设计分院分别签订职业经理人三年经营协议。

该集团打造了"重绩效、重贡献"的企业文化，重点强化职业经理人业绩考核管理制度，针对不同子公司业务特点，构建形成了跟投、核心持股、超额利润分享、自主经营激励等机制。例如，对于新投资控股的项目公司，采用项目跟投机制，要求核心员工团队进行跟投，共担投资风险，共享发展成果；对于存量业务，采用超额收益分享机制，对超出净利润考核目标和投资收益标准的企业，根据超额完成情况，按不同比例与经营团队进行利益分享；对于设计院板块，引入市场化机制，实施模拟自主经营，设计院绩效分配总额与模拟经营结算直接关联，允许事业部选用外部设计机构进行竞争，倒逼内部设计院业务能力持续进步。

2. 上海建工实施职业经理人激励基金计划

2017年，上海建工董事会会议通过了《职业经理人考核与薪酬办法》和《职业经理人激励基金计划（2017—2019 年度）》两项文件，其中激励基金计划的具体内容包括该计划的参与对象、约束条件、基金的提取与发放以及计划的变更和终止规则。该计划的激励对象是市场化选聘的职业经理人，当公司的业绩指标（净资产收益率、净利润和营业收入）达到一定的条件时，可以根据当年约束条件总得分（大于或等于 80 分）提取相应比例的激励基金。具体的约束条件为：净资产收益率指标为 2017—2019 年的加权平均净资产收益率分别为 7.7%、7.9%、8.0%；净利润指标以 2015 年的净利润为基准，2017—2019 年的净利润增长率分别为 14%、23% 和 32%；2017—2019 年的营业收入指标分别为 1450 亿元、1552 亿元和 1662 亿元。

表 4-1 显示了上海建工 2017—2019 年的业绩指标完成情况，除 2017 年的营业收入没有达标，其余各项指标在三年里均超过激励计划的约束条件。

表 4-1　激励基金计划业绩指标完成情况

指　　标	2017 年	2018 年	2019 年
净资产收益率/%	10.72	10.71	14.24
净利润增长率/%（基于 2015 年）	41.47	73.99	118.78
营业收入/亿元	1421	1705	2060

根据表 4-2 约束条件总得分的计算方法可知，即使 2017 年营业收入指标未达标，但当年约束条件总得分远远大于 80 分，外聘的职业经理人依旧可以提取 95% 以上比例的激励基金，其余年度均可以提取 100% 比例的激励基金。因此，该计划可以对外聘的职业经理人形成很好的激励作用，有助于提高其主动作为动力与工作积极性，提升公司的经营业绩。

表4-2 激励基金计划业绩指标完成情况

指标	权重	计算方法	当年约束条件总得分
净资产收益率	0.4	实际值/目标值×100	净资产收益率得分×0.4 + 净利润得分×0.35 + 营业收入×0.25
净利润	0.35		

3. 华润集团基于"业绩与薪酬双对标"原则建立差异化薪酬体系

华润集团按照"业绩与薪酬双对标"原则构建了市场化薪酬机制，将职业经理人的薪酬水平与经营业绩、责任风险相挂钩，构建了利益共享、风险共担的激励约束机制。华润集团二级公司职业经理人的薪酬包括基本工资、年度绩效奖金与战略激励三部分，通过"业绩与薪酬双对标"考核，调整年度绩效奖金与战略激励部分薪酬，实现差异化薪酬激励。一方面，对标行业一流企业的业绩。例如，在地产行业，华润置地公司依据发展规划，以保利、万科、中海等行业领先企业为对标对象，选取规模、利润、运营成本等业绩考核指标，根据业绩考核指标的重要性赋予相应的评价权重，计算出业绩对标考核结果。另一方面，强化运用"业绩与薪酬双对标"考核结果。如果薪酬分位值高于业绩分位值20个以上分位，下调总薪酬水平；如果薪酬分位值低于合理区间20个以上分位，适度上调年度绩效奖金；如果未完成年度业绩合同约定目标值，取消职业经理人年度全部奖金。华润集团通过刚性兑付业绩考核结果，打造了与经营业绩相匹配的差异化薪酬体系，引导职业经理人对标先进水平，提升管理能力，勇于追赶超越。

4. 中石化易捷打破"大锅饭"，实施差异化薪酬管理制度

中石化易捷推进职业经理人薪酬水平与经营业绩挂钩，采用

定量与定性相结合的综合考评体系，打破"大锅饭"，合理拉开经理层的分配差距，加大薪酬激励作用。一是围绕企业发展中长期发展战略，设计短期激励与长期激励相结合的薪酬结构，包括基本年薪、绩效年薪和中长期激励三大部分。二是对标市场化薪酬标准。选取同行业内代表性头部企业薪酬体系作为对标分析样本，参照对标结果，采用宽带薪酬模式制定职业经理人市场化薪酬标准。同时，加大浮动薪酬占比，将绩效奖金兑现比例提高至75%，年度和聘期绩效薪酬考核权重达到60%，向实干奋斗的职业经理人大胆倾斜激励政策，有效激发干事创业的积极性，增添企业发展动力。三是刚性兑现契约化考核结果。如果超额完成考核目标，按超额比例兑现薪酬激励，上不封顶；如果完成考核目标，完全兑现基准薪酬；如果未能完成考核目标，根据考核结果扣减绩效薪酬，实行下不保底薪酬制度，不搞变通、不打折扣。

5. 农发种业利用财务工具防范经营风险，避免职业经理人短期行为

农发种业推行短期、中期、长期相结合的职业经理人激励措施。在短期激励方面，职业经理人除基本工资，还有超额绩效奖励、特殊贡献奖。在中长期激励方面，探索实施限制性股票激励计划。为防范职业经理人出现短期行为，建立发展长效机制，农发种业运用财务工具防范经营风险，加强现金流管理，提出"只有完成高质量业绩，才能获得绩效奖金"的浮动薪酬发放条件——如果当年"经营性净现金流≥预计发放奖金"，避免增加应收账款形成的业绩。如果公司当年未达到"完成高质量业绩"标准，不发放绩效资金，可在以后年度达到发放条件时合并计算、发放。

6. 广汽集团实施"以岗定薪、易岗易薪、按绩兑薪"的薪酬管理机制

广汽集团通过"五差异"全面实施市场化薪酬激励，建立效益优先、按绩分配的薪酬分配制度，将职业经理人个人绩效与公司利益紧密结合，薪酬结构包括绩效年薪、任期激励和中长期激励三部分。绩效年薪占年度薪酬（基本年薪与绩效年薪之和）的比例高于70%以上，与经营业绩直接挂钩。设置超额利润奖励机制，给予职业经理人一定比例的绩效奖励，鼓励职业经理人"摸高"。根据第三方审计机构对职业经理人任期经营业绩专项审计结果浮动兑现任期激励，不设保底兑现数额。建立中长期激励机制，激励职业经理人着眼于广汽集团长期效益。股权激励周期一般为2年，2020年广汽集团授予股票期权与限制性股票合计350万股。

7. 海汽集团职业经理人的薪酬结构及标准确定

海南海汽运输集团股份有限公司（以下简称"海汽集团"）经营范围包括班线客运、场站经营、旅游客运、定制客运、出租客运、租包车业务、物流快递、汽车贸易、汽车检测维修、城乡公交、校车运营服务、文化旅游等。

海汽集团是全国唯一一家具有全省性客运网络的道路运输企业、全国道路运输50强企业和交通运输百强企业、全国交通运输服务标准化试点单位、海南道路运输业头部企业。2021年7月，海汽集团被国务院国资委评定为国有重点企业管理标杆创建行动标杆企业，成为海南省唯一入选标杆企业的省属重点国有企业。

2018年6月，海汽集团率先在省国资系统试点推行职业经理人制度改革，深化人事制度改革。2022年2月，海汽集团根

据国企改革三年行动相关文件精神,聚焦国企改革三年行动要求,落实国企改革"双百行动"任务清单,在之前试行职业经理人制度的基础上,全面推行职业经理人制度改革,实行职业经理人身份转换,建立"责权明晰、奖惩分明、特点突出、流动有序"的职业经理人管理模式。

在差异化薪酬管理方面,海汽集团合理制定薪酬结构和标准,激发职业经理人活力。

第一,基本原则。公司职业经理人薪酬与绩效考核以实现公司战略目标为出发点,按照"业绩与薪酬双对标"原则,根据岗位职责、行业特点、经营业绩、市场同类可比人员薪酬水平等因素确定,建立市场化薪酬体系,严格按照绩效考核结果落实收入能升能降的"强激励、硬约束"机制,进一步强化业绩升、薪酬升,业绩降、薪酬降。

第二,薪酬的结构及标准。公司职业经理人的薪酬实行年薪制。薪酬结构主要由基本年薪、绩效年薪构成,其中基本年薪与绩效年薪的比例为1:2。薪酬还包括任期激励和中长期激励等。其中,任期末累计盈利且超额完成任期利润目标的,可计发任期激励。公司可根据激励与管理,实施各种方式的中长期激励。

第三,基本年薪。指职业经理人的年度基本收入,按月平均发放的固定薪酬,基本年薪=基本年薪标准×薪酬分配系数。

基本年薪标准根据公司经营规模,综合考虑公司所属行业薪酬水平、工作地点等因素综合确定。原则上,可按公司契约化管理经理层正职基本薪酬标准第一档的1.8倍确定,或由公司薪酬与考核委员会与职业经理人协商拟定,经公司董事会审定后执行。基本年薪标准一经拟定,在同一任期内维持不变。正职的薪酬分配系数为1,副职的分配系数为0.8。

第四,绩效年薪。指与职业经理人年度经营业绩考核结果相挂钩的浮动收入,绩效年薪=绩效年薪基数×绩效考核系数。

绩效年薪基数按基本年薪的 2 倍确定。绩效考核系数根据年度经营业绩考核得分确定，对应关系如表 4-3 所示。

表 4-3 绩效考核系计算表

年度经营业绩考核得分	100 分及以上	(100~90 分]	(90~80 分]	(80~70 分]	70 分以下
绩效考核系数（盈利或持平）	1.1	1	0.9	0.7	0
绩效考核系数（亏损）	0.9	0.7	0.5	0.3	0

第五，任期激励。指与职业经理人任期经营业绩考核结果挂钩的收入。任期末累计盈利的，以任期末累计完成利润超任期利润目标的一定比例为基数，根据任期经营业绩考核情况计发。比例一般不超过 30%，具体的比例及发放规则等由公司董事会与职业经理人团队协商确定。

第六，中长期激励。指为公司中长期发展做出突出贡献的职业经理人实施的激励。中长期激励方式包括股票期权、员工持股、虚拟股票、业绩股票激励等，公司可根据实际情况推进中长期激励计划，具体由公司另行制定。

第七，履职待遇和业务支出。公司职业经理人除不发放公务交通补贴，其他履职待遇和业务支出按照公司有关规定执行。公司董事会和职业经理人另有约定的，从其约定。

第四节 市场化退出环节案例

1. 国投电力职业经理人市场化退出标准

2015 年，国投电力开始推行职业经理人制度，选聘的职业经理人实行任期制，3年为一个任期，按市场化原则确定薪酬，其经营业绩和薪酬水平与市场对标。3年后，首期聘用的职业经理人团队圆满完成聘期考核，聘期届满接受续聘或自然解除聘任关系，推动国投电力公司进入发展新阶段。

国投电力按照聘用合同约定对职业经理人进行市场化退出管理，业绩考核合格者继续留用，考核不合格者则终止聘任关系。当业绩考核低于80分位时或连续两年低于90分位时解聘，且无董事会认可的正当理由的，其聘任关系自然解除或终止，且一并解除其劳动合同。其中，集团内部产生的职业经理人，解除原劳动合同，劳动合同期限与聘期一致，退休后实行社会化养老，个人的人事档案转到人才中心保管。

退出机制的建立，促使职业经理人不断改善自身短板，保持市场化意识，标志着国投电力职业经理人改革迈出了坚实一步，从体制上解决了董事会和经理层"同纸任命"的问题，有利于确立公司的市场主体地位，实现职业经理人契约化、市场化、职业化，持续提高经济效益和创收能力，进一步健全公司治理结构，有效激发发展动力。

2. 新兴际华集团职业经理人市场化退出机制

新兴际华集团将畅通职业经理人的动态退出机制作为职业经理人制度建设的关键闭环，主要通过解除劳动合同的方式管理不合格的职业经理人。对于通过市场化方式外部公开招聘的经理人，三年合同解除后，劳动关系自动解除；对于内部竞聘且签订无固定期限劳动合同的职业经理人，聘用合同解除后，一律只保留工程、经济、会计、政工等相应系列职称岗位和《劳动合同》的普通员工身份，不再安排其他高管职务。

新兴际华集团职业经理人的市场化退出机制具有很强的激励和约束力度，有效强化了公司内部契约精神，推动了职业经理人的契约化目标，在完善公司治理、健全市场化运行机制、深化国资国企改革等方面进行了积极探索，发挥了巨大作用。

3. 华侨城云南文投严格执行职业经理人市场化退出标准

2016年底，云南文化产业投资控股集团有限责任公司（以下简称"华侨城云南文投"）以增资扩股的方式引入华侨城集团，由省属国有文化企业转为央企控股企业，以"央地重组"释放出改革红利。随后，组建新的党委、纪委、董事会、监事会和经营团队，领导班子实行市场化选聘，仅一年就实现利润总额约11亿元，同比增长13倍，完成年度预算利润总额的180%。华侨城云南文投严格按照约定，执行经理人市场化退出标准。每年底都会与职业经理人签订《年度经营业绩责任书》，对利润、收入等关键考核指标进行"断崖式考核"，每个指标25分，如在年终的考核打分中没有超过50分，则就地免职一把手。截至2020年底，通过考核轮岗调整干部23人、解聘3人、降职使用2人。

华侨城云南文投及时有效把控年度考核节点，严格执行市场化标准，不仅淬炼了一支经得住考验、能打胜仗的职业经理人队伍，更有力深化了企业改革，有效提升了企业经营效益和核心竞争力，显著实现了集团的利润增值。

4. 上海华泰证券完善职业经理人市场化退出机制

上海华泰证券是一家中国领先的大型综合性证券集团。2019年，借助入选国企改革"双百行动"企业和江苏省第一批混合所有制改革试点企业的机遇，重点推行职业经理人制度，通过不断完善市场化经营机制和激励约束机制，打造了一只高素质的经理层团队。职业经理人每届任期为3年，每年签订目标责任书，约定具有挑战性的市场化目标和业绩基准。目标责任书是对职业经理人考核评价及奖励兑现的重要依据，在职业经理人签订的聘任协议中，根据目标责任书完成情况明确约定市场化退出条件。聘任期满后，自然终止聘任协议，公司董事会与满足续聘条件的职业经理人重新签订聘任手续。如果职业经理人年度考核不合格、连续2年年度考核被认定为一般或严重违反国家法律法规，终止或解除聘任协议。

5. 广汽集团健全职业经理人岗位退出机制

广汽集团按照干部"能上能下、能进能出"的原则，健全职业经理人退出机制。一是制定岗位退出"负面清单"，细化退出条件。出现以下情况的，由董事会及时启动职业经理人岗位退出程序：经营业绩指标完成情况差、因健康原因无法正常履行工作职责、发生重大个人责任事项、考核评价结果为不称职等。二是拓宽退出通道。当职业经理人退出原岗位后，可以根据个人意愿解除劳动关系，走向市场；也给予在广汽集团内部调整岗位的机会，根据内部岗位空缺情况、原岗位综合考核评价结果、岗位匹配度，转到其他合适岗位，继续贡献力量。

6. 四川商投集团构建结果导向的市场化退出机制

四川商投集团坚持"从市场中来、到市场中去"原则，依职业经理人考核评价结果，明确"回到市场中去"标准，完善市场化退出机制。一是制定利益共享、风险共担机制。建立《二级企业组织绩效考核办法》《二级企业领导人员薪酬管理办法》等制度，按照"收益与风险相对等"原则，将二级企业职业经理人的薪酬、聘任与目标任务完成情况挂钩，如果职业经理人的绩效考核不合格，直接予以解聘。二是制定履约不力退出机制。按照季度跟踪评价职业经理人的年度和任期经营业绩，如果职业经理人没有完成任务目标，给予季度警告。如果职业经理人的年度或任期经营业绩考核指标未达到完成底线（完成率低于70%），予以解聘，若是总经理的契约完成率不足70%，解聘整个经营团队。2018—2021年，四川商投集团解聘职业经理人9名。三是制定履职行为退出机制。制定职业经理人负面履职清单，明确履职底线，对严重违反负面履职清单的职业经理人直接予以解聘。

7. 四川国投确保职业经理人有序退出

四川省国有资产经营投资管理有限责任公司（以下简称"四川国投"）主要职能是代省政府行使出资人权利，审慎实施直接投资和资本运作，积极开展多种经营；投资涉及农业、金融及准金融、环境治理、电子信息、产业地产等多个领域。截至2022年8月，四川国投所属企业60户，其中全资8户，控股6户，参股46户，公司资产总额157亿元，保持连续21年盈利。

作为四川省首批开展职业经理人制度试点的省属国有企业，四川国投按照市场化、职业化、专业化、契约化方式对职业经理人进行选聘和管理，探索制定《职业经理人管理暂行办法》，取得了阶段性成效。其中，在市场化退出管理方面，有两点成功经验。一方面，完善退出管理制度。为避免退出时发生法律风险，依法制定劳动规章制度，在《岗位聘任协议书》《年度经营业绩责任书》和《任期经营业绩责任书》中明确聘任岗位的履职要求、工作内容和业绩目标，并事先对调岗、调薪、解聘、培训、竞业限制等制定管理办法。另一方面，严格执行退出规定。凡出现考核不合格、严重违纪违法等6种不符合履职要求的情形，或者职业经理人劳动合同到期，或者职业经理人主动提出辞职，四川国投将按照《劳动合同法》和《聘任合同》，按规定程序办理离职手续。

第五节 监督管理环节案例

1. 国投电力职业经理人监督约束机制

国投电力加强对职业经理人的监督管理,从党组织监督、法人治理约束、契约合同约束、社会监督约束和股东监督约束五个方面构建监管体系。严格执行责任追究制度,从严查处违反党的纪律,特别是违反政治纪律、组织纪律的行为,依法依规追究责任。加强职业经理人的组织人事管理,虽然职业经理人的档案已交由外部机构管理,但是在因私出国(境)、"裸官"任职、兼职(任职)、履职待遇和业务支出等方面仍然制定并严格履行相关管理制度。

2. 航天信息在发挥党组织作用方面的经验

航天信息股份有限公司(以下简称"航天信息")是中国航天科工集团有限公司控股、以信息安全为核心的国有科技型上市公司,中国信息技术行业最具影响力的上市公司之一,"全国文明单位"、国务院国资委标杆"科改示范企业""国有企业公司治理示范企业"。

航天信息已经在二级公司和三级公司经理层全面推广职业经理人制度,并取得了较好的效果,主要原因是党组织在职业经理人的提名推荐、考察、考核、培养、监督五个方面发挥了重要作用。如果能够采取灵活高效的管理办法、适度的容错机制,将更有利于职业经理人制度的建设工作。

3. 华侨城云南文投建立经营业绩考核挂牌督办制度

华侨城云南文投集团推行经营业绩考核挂牌督办制度,将集团所属二级公司上半年考核累计利润完成率未达到预算进度70%的，列为黄牌督办对象；全年经营业绩考核未达到70分的或年度考核累计利润完成率未达到预算进度70%的，列为红牌督办对象，按照相关规定进行督办管理。2018年以来，集团累计约谈公司50余户次，提醒谈话领导班子成员100余人次。

4. 广汽集团构筑职业经理人履职监督管理"防火墙"

对获得充分授权的职业经理人进行履职监督约束极为重要。广汽集团整合监督力量，形成监督合力，切实发挥监督作用。一是发挥集团董事会、纪检监察、监事会、审计等多种主体的监督合力，及时获取相关信息，拓宽监督深度，严格党的纪律约束，落实个人有关事项报告制度，建立和完善述职述廉、任职回避等制度。二是实行任期和离任经济责任审计制度。在职业经理人任期满3年或者离任3个月内的时候，董事会委托第三方机构进行客观公正的审计，职业经理人通过审计之后将获得任期薪酬的30%。三是建立违规经营投资责任追究制度，防止国有资产流失。对于违规决策、经营造成国有资产重大损失或其他严重不良后果的职业经理人，依法依规严肃问责。

5. 四川国投加强监督管理防范道德风险

在职业经理人监督管理方面，四川国投有三点经验。一是形成监督合力。党组织、董事会、监事会等治理主体，以及纪检监察、巡视、审计等部门，联合建立综合监督体系，坚持事前监督为主，健全提醒、诫勉、函询、经济责任审计等机制。完善党风廉洁制度建设，加强党风廉政教育，筑牢廉政思想防线。二是健全问责机制。按《党章》或《监察法》进行调查处置职业经理人在履职过程中发生的违规违纪违法行为。如果职业经理人涉嫌违法犯罪，交由司法机关处理。加强职业经理人党风廉政问题惩戒，在个人廉洁档案中，如实记录违规违纪问题。三是建立容错机制。旗帜鲜明地鼓励职业经理人创新，容忍失误试错，保护实干改革者。按照"三个区分开来"要求，制定容错免责清单，调动职业经理人大胆探索实践的主动性和积极性。如果职业经理人在勤勉尽责从事本职工作过程中给企业造成亏损，需要客观公正地审查经营管理决策的背景、依据、流程、动机，做到尽职免责，应免则免。

6. 华能资本抓好监督管理体系

华能资本服务有限公司（以下简称"华能资本"）是中国华能集团有限公司的金融资产投资、管理专业机构和金融服务平台，主要职责包括：制定金融产业发展规划，统一管理金融资产和股权，合理配置金融资源，协调金融企业间业务合作，提供多元化金融服务；经营范围包括投资及投资管理、资产管理、资产受托管理、投资及管理咨询服务。华能资本目前控股和管理10余家企业，系统分支机构达450余家。

作为央企中较早推行职业经理人制度的企业，华能资本有效激活了人才活力，提升了竞争力。在职业经理人监督管理体系建设方面，华能资本的典型经验包括以下四点。

第一，加强素质培训。一方面，加强思想政治教育。实行常态化职业经理人思想政治教育机制，每年分批开展培训工作，强化思想理论武装，增强"四个意识"，坚定"四个自信"，做到"两个维护"。强化向职业经理人宣贯华能集团三色文化，传承黄色基因，提升政治素养，坚定理想信念。另一方面，加强能力素质培养。围绕华能资本发展战略开展专项培训，提升职业经理人的战略思维、创新等专业能力以及甘于奉献、勇于担当等职业素养。

第二，加强组织人事关系管理。落实职业经理人个人有关事项报告制度。加强职业经理人人事档案管理,建立信誉档案库,依法依规采集职业经理人信誉信息,主要包括个人基本情况、职业素养、职业能力等。

第三,加强履职监督。完善监督工作体系,突出以党内监督为主导,打造出资人监督、审计监督、巡视监督、纪检监察监督、职工民主监督相结合的协同监督机制,完善职业经理人监督工作体系。严格党组织纪律约束,确保职业经理人经营决策及行为符合党中央方针政策和国家法律法规。严格遵守中央"八项规定"精神和华能集团改进工作作风若干规定;完善个人述职述廉、任职回避等制度。

第四,加强责任追究管理。一方面,完善违规经营投资责任追究制度。对于违反国家法律法规和华能资本内部管理规定、未履行或未正确履行职责、在经营投资中造成国有资产损失或其他严重不良后果的,依法依规严肃追究责任。另一方面,建立容错机制,最大程度地激发职业经理人干事创业的动力。按照习近平总书记提出的"三个区分开来"要求,辩证看待职业经理人在经营管理过程中出现的失误和错误,明辨"为公"还是"为私",分清"无心"还是"有意",客观公正地评估和定性,鼓励担当作为,允许试错,为干事者撑腰,消除职业经理人的后顾之忧。

7. 海汽集团集强化监督管理体系,筑牢防火墙

第一,履职监督管理。职业经理人应当忠实履职,依法经营,廉洁从业,遵守国家法律法规,遵守公司规章制度,自觉接受监督,切实维护党和国家利益、出资人利益、企业利益和职工合法权益。公司党委对职业经理人贯彻执行党的路线方针政策、遵守党纪政纪和廉洁从业等情况进行监督,坚决惩治和有效预防腐败。公司党委、董事会、监事会应当做好职业经理人的履职监

督工作。坚持以预防和事前监督为主，及早发现和纠正其不良行为倾向。

第二，出国（境）管理。职业经理人因私出国（境）证件由公司党委集中保管，职业经理人因私出国（境）时应当根据有关规定履行审批等手续。

第三，职业发展培养。建立健全具有职业经理人特点的学习培训制度，有针对性地加大职业经理人培养力度，不断提高其履行岗位职责的能力和水平。鼓励和支持职业经理人参加有利于职业发展的在职学习，在不影响正常工作的前提下，积极为职业经理人参加相关学习和培训提供便利条件。

第四，责任追究管理。职业经理人在聘任期间应当维护企业国有资产安全，防止国有资产流失，不得侵吞、贪污、输送、挥霍国有资产。职业经理人违反规定、未履行或未正确履行职责、在经营投资中造成国有资产损失或其他严重不良后果的，严肃追究责任。坚持"三个区分开来"，鼓励和支持职业经理人探索创新、担当作为、允许试错、宽容失误。对职业经理人履职行权过程中出现的失误或错误，按照上级和公司容错纠错有关制度规定，经认定符合条件的，可以免责或者从轻、减轻处理。

第五章　完善混合所有制企业职业经理人制度的建议

基于访谈、问卷调查数据分析结果，本章从完善职业经理人评价标准、加强后备职业经理人队伍建设、优化中长期激励三个方面提出进一步完善混合所有制企业职业经理人制度的对策与建议。

第一节　构建混合所有制企业职业经理人评价模型，提高选聘精准性

调研显示，超过 70% 的受访者认为缺乏科学有效的混合所有制企业职业经理人素质能力评价模型，选聘精细化程度不足。此外，已出台的多项职业经理人制度改革政策文件中都强调要加强职业经理人评价工作[1]。因此，本节将根据混合所有制企业职业经理人应具备的素质和能力要求构建素质模型，提炼评价指标体系，提高职业经理人选聘精准性。

---

[1] 2003 年，《关于进一步加强人才工作的决定》提出"探索社会化的职业经理人资质评价制度"。2005 年，《国务院关于鼓励支持和引导个体私营等非公有制经济发展的若干建议》提出"建立职业经理人测评与推荐制度"。2010 年，《国有企业中长期人才发展规划纲要（2010—2020 年）》提出"建立社会化的职业经理人资质评价制度"。

（一）构建混合所有制企业职业经理人五星素质评价模型的理论基础

1973年，哈佛大学麦克利兰教授首次提出"能力素质"概念，并指出胜任力是专业理论知识、实操技能、自身动机以及综合素养能力等多方面的集中展现，不仅与其在特定工作岗位的表现优劣密切相关，且在特定工作岗位和组织环境中得到充分的体现[1]。

"素质"是指通过后天培养锻炼获得的素养或能力特点，最早正式作为判断工作能力的标准。"素质模型"概念构建在"素质"的概念之上。一般来说，素质模型可视为各素质的有机组合。该组合中包括多种素质，可划分为各种维度，从不同角度反映出胜任岗位或者完成任务所需的能力和特点。由多个素质要素构建成素质模型，既可展示岗位或者任务所需的表面知识技能及深层次的个人性格特质，也可直接反映出素质对于工作任务完成的影响程度。

混合所有制企业职业经理人五星素质评价模型是在满足国家要求、企业高质量发展需要的基础上，为进一步提升混合所有制企业评价职业经理人的科学性、客观性和准确性所构建的职业经理人选聘通用模型。在构建过程中，从国家要求、国有企业性质与使命、职业经理人岗位职责三个层面对混合所有制企业职业经理人任职素质资格进行理论分析。

1. 将混合所有制企业经理人纳入党政人才管理体系的要求

党的十八大以来，随着全国组织工作会议的召开，以及群众

---

[1] David C. McClelland. Testing for Competency Rather Than for Intelligence [J]. American Psychologist, 1973, 28 (1): 1–14.

路线教育实践活动、"三严三实"专题教育、"两学一做"学习教育的陆续开展,好干部标准不断发展深化。

2016年,习近平总书记在全国国企党建工作会议上,明确提出了国有企业领导人员"对党忠诚、勇于创新、治企有方、兴企有为、清正廉洁"的20字标准,进一步突出了国有企业领导人员标准的类别特征和时代内涵,也为构建混合所有制企业职业经理人素质模型提供了根本遵循。2017年,习近平总书记在党的第十九次全国代表大会上,提出要"建设高素质专业化干部队伍""全面增强执政本领"等要求,强调领导干部迫切需要提高"八种本领",进一步明确了对领导干部的一系列能力要求,丰富了好干部标准的内涵。

2. 基于混合所有制企业性质与使命的职业经理人双重素质能力分析

混合所有制企业是中国特色社会主义的重要物质基础和政治基础,是国有经济的重要支撑力量,是国民经济的重要支柱,具有政治和经济双重使命。混合所有制企业的性质决定了混合所有制企业职业经理人必须具备比一般企业领导者更高的素质能力。

一方面,混合所有制企业职业经理人要有过硬的政治素质。首先,混合所有制企业是国家治理体系的重要组成部分,党通过混合所有制企业的影响力、控制力实现对经济领域的领导,保障人民共同利益,实现共同富裕,提高在经济、社会领域的治理能力。其次,混合所有制企业是党执政兴国的重要支柱和依靠力量,必须具有关键时刻听指挥、拉得出,危急时刻冲得上、打得赢的干部队伍。最后,混合所有制企业也代表了全社会公众利益,应以整个社会和全体人民最根本利益为出发点和立足点,承担社会责任。因此,混合所有制企业职业经理人是党在国家经济领域的执政骨干,首要素质是政治素质,要讲政治,能从政治角度考虑问题。

另一方面，混合所有制企业职业经理人要有出色的经营能力。作为从事商品生产和经营活动的基本单位，混合所有制企业本质上是经济意义上的商品生产与经营组织，混合所有制企业追求国有资本的保值增值，是独立的市场主体，主要表现为：拥有法人财产权，本质上属于经济组织，具有经济基本属性。同时，混合所有制企业不同于一般意义上的私营企业，是社会主义公有制经济的代表，要在宏观调控、引领国民经济发展以及经济体制改革等方面发挥重要作用。由于混合所有制企业具有一定政治性、行业性、公益性、政策性、民族性，混合所有制企业对职业经理人有更多约束和要求，面对纷繁复杂的市场环境和不确定性因素，职业经理人必须不断提升经营管理能力，带动混合所有制企业高质量发展。

3. 对标市场化的职业经理人岗位职责分析

职业经理人是指在一个所有权、法人财产权和经营权分离的企业中承担法人财产的保值增值责任，全面负责企业经营管理，对法人财产拥有绝对经营权和管理权的职业。职业经理人接受企业的市场化选聘[1]，获得薪酬、股票期权等报酬方式，担任职业化企业经营管理专家[2]。

从岗位职责角度看，混合所有制企业职业经理人应具备以下基本素质。一是专业化。职业经理人是专门从事企业管理工作的人，履行委托人赋予的职责，具备工作岗位要求的专业化能力，体现出专业化的特征。二是职业化。职业经理人应符合职业化要求，按公认的职业规范和要求行事，遵守职业道德准则，承担职

---

[1] 职业经理人市场包括社会职业经理人市场和企业内部职业经理人市场。

[2] 董长青，石群，陶晓龙. 党建引领下的国企职业经理人制度建设探索与思考——以华能资本服务有限公司为例 [J]. 国资报告，2020（5）：28-31.

业责任。三是市场化。职业经理人是一种社会化的公共资源，受市场"看不见的手"支配，按照市场规则获取相应报酬，在市场上有序流动。四是契约化。市场化企业通过契约将职业经理人与公司结合为一个整体，职业经理人通过契约授权范围管理他人、调动资源、进行决策。

（二）基于访谈与调查的五星素质评价模型构建

1. 行为事件访谈提炼模型要素

经过40多年的发展，行为事件访谈法是目前构建胜任力素质模型的公认方法。依多位参访者对事件的详细描述，确保研究结论和生成模型的可信度和有效性。其主要原理是通过邀请访谈对象回忆描述一段时期（一段时间或任期）内在工作上感到最有成就（挫败）感的关键事件，抓取关键环节因素，发现影响绩效的具体行为。通过行为事件访谈法，收集分析国有企业职业经理人的具体行为表现，包括两个步骤。

第一，科学选取访谈对象。依照《"双百企业"推行职业经理人制度操作指引》内容和规定的职业经理人选聘范围，选取40名混合所有制企业职业经理人进行深度访谈。

第二，严谨实施行为事件访谈。访谈提纲主要包括三部分：一是介绍访谈目的、访谈内容和保密承诺；二是获取受访者基本信息、项目基本情况及核心工作领域及职责；三是列举引导访谈对象讲述成功事件或挫败事件及其影响的问题。每位被访谈者的访谈时间1~2小时，共形成38份访谈记录。由2名研究员和1位资深专家依据访谈记录，运用扎根理论三级编码方法，分别进行质性分析和归类，并使用质性分析软件NVivo11再次检验分析，初步获取混合所有制企业职业经理人素质能力评价影响因素。例如，从某中央企业所属混合所有制企业职业经理人的访谈记录——问题是"在处理班子内部决策时不能无原则的简单维持团体利益，必须讲原则、讲政治、讲大局，在此基础上达到新的团结。真正的团结不是一团和气，这会害了班子、企业和事业"分析出"大局意识"这一副范畴，为进一步提炼主范畴"对党忠诚"因素提供实证证据。

2. 问卷调研验证五星素质评价模型

依据175名混合所有制企业职业经理人的调研问卷数据，运用统计软件对上述影响因素进行探索性因子分析，剔除认可度较低的因素，凝练最终素质模型影响因素。根据数据分析结果，从政治品格、价值观、素质、能力、价值创造五个层面构建五星素质评价模型（图5-1），包括五类驱动因素、22个子要素。图5-2显示被调研职业经理人对影响要素的认可度均超过85%。

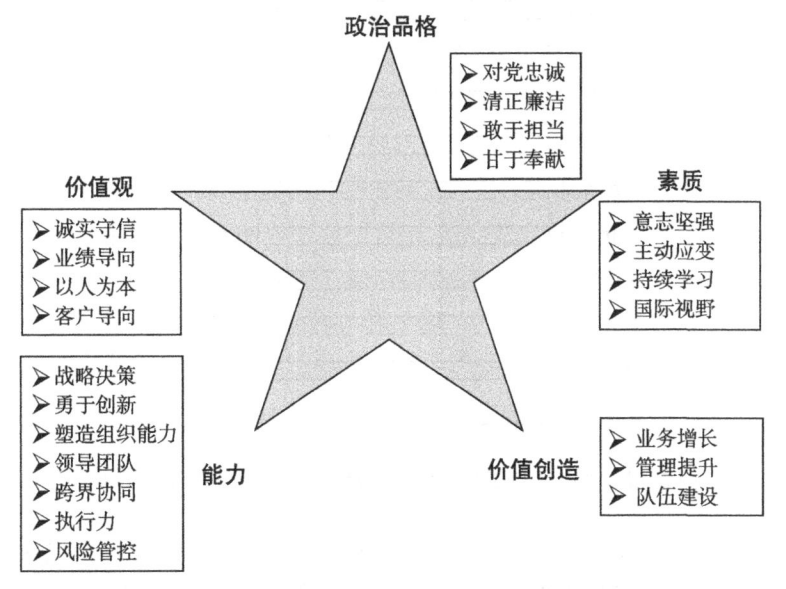

政治品格
- 对党忠诚
- 清正廉洁
- 敢于担当
- 甘于奉献

价值观
- 诚实守信
- 业绩导向
- 以人为本
- 客户导向

素质
- 意志坚强
- 主动应变
- 持续学习
- 国际视野

能力
- 战略决策
- 勇于创新
- 塑造组织能力
- 领导团队
- 跨界协同
- 执行力
- 风险管控

价值创造
- 业务增长
- 管理提升
- 队伍建设

图5-1 混合所有制企业职业经理人五星素质评价模型

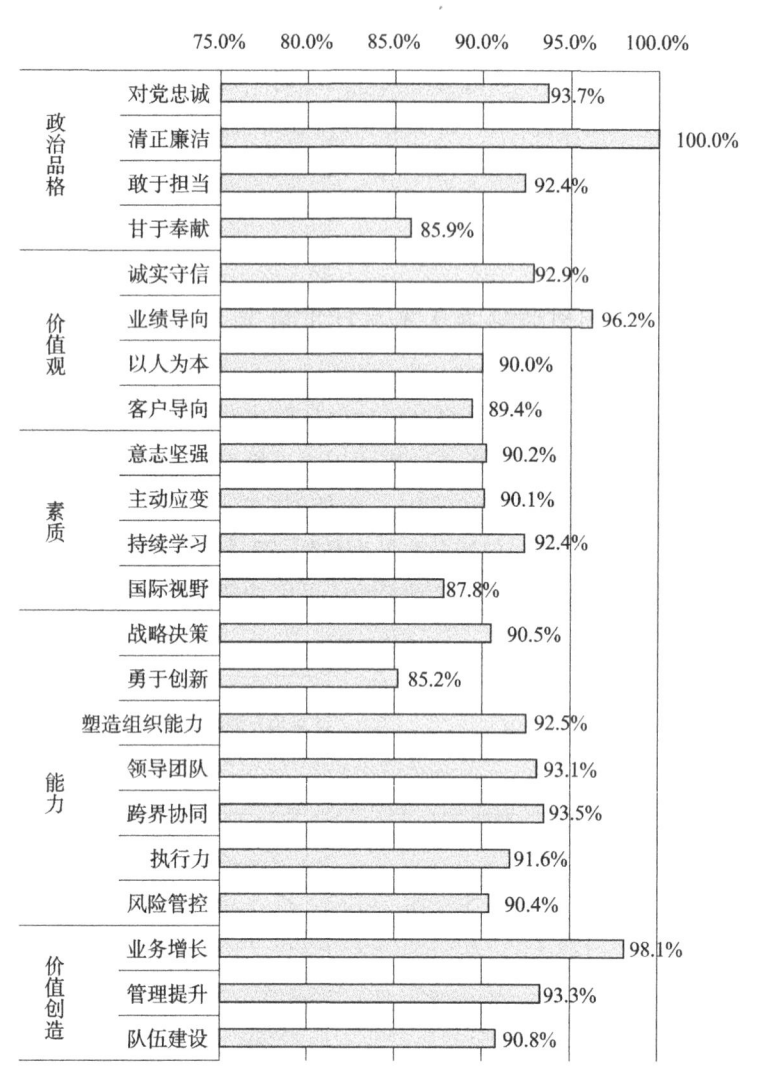

类别	指标	认可度
政治品格	对党忠诚	93.7%
	清正廉洁	100.0%
	敢于担当	92.4%
	甘于奉献	85.9%
价值观	诚实守信	92.9%
	业绩导向	96.2%
	以人为本	90.0%
	客户导向	89.4%
素质	意志坚强	90.2%
	主动应变	90.1%
	持续学习	92.4%
	国际视野	87.8%
能力	战略决策	90.5%
	勇于创新	85.2%
	塑造组织能力	92.5%
	领导团队	93.1%
	跨界协同	93.5%
	执行力	91.6%
	风险管控	90.4%
价值创造	业务增长	98.1%
	管理提升	93.3%
	队伍建设	90.8%

图 5-2 混合所有制企业职业经理人素质评价指标及认可度

五星职业经理人素质评价指标体系以国有企业政治、经济使命为核心，在关注职业经理人管理能力的同时，也注重强调奉献精神、责任担当，促使混合所有制企业职业经理人在政治能力和经营能力上发展提升。各评价指标内涵如下。

（1）政治品格维度

① 对党忠诚。忠诚就是对党、祖国和人民绝对忠心，保持绝对纯洁、绝对可靠的政治本色。混合所有制企业职业经理人作为党在经济领域的执政骨干，必须牢记第一职责是为党工作，要具备对党忠诚的基本素质。要求旗帜鲜明讲政治，用党的理论武装头脑，增强"四个意识"、坚定"四个自信"、做到"两个维护"，牢记初心使命，坚定理想信念，带领员工参与企业经营管理，不折不扣地贯彻落实党中央以及集团公司党组织的决策部署，把好企业改革发展的正确方向。

② 清正廉洁。职业经理人作为混合所有制企业领导人员，清正廉洁、不以权谋私是最基本的要求，是必须坚守的硬杠杠、不可触碰的高压线；要始终坚持把清正廉洁作为一种职业操守和思想境界来秉持与提升，牢固树立正确的权力观、地位观、利益观，面对各种利益诱惑保持头脑清醒，时刻警钟长鸣，防微杜渐，坚决反对特权思想、特权现象，自觉筑牢思想防线。

③ 敢于担当。党的十八大以来，习近平总书记在不同场合反复强调党员领导干部要敢于担当。习近平总书记在2021年秋季学期中央党校（国家行政学院）中青年干部培训班开班式上发表重要讲话，再次强调年轻干部必须勇于担当、善于作为。混合所有制企业职业经理人必须具备强烈的责任意识，在工作中始终把党的事业和企业利益放在第一位，要始终敢于直面问题，坚持原则，敢于拔刀亮剑，敢于硬碰硬。具体表现：在攸关国家和企业利益的时候，勇于承担责任；敢于直面工作中的问题，不回避矛盾，解决问题；有坚持按照制度办事的决心和魄力，不让制度流于形式。

④ 甘于奉献。甘于奉献既是一种精神，也是一种境界，应

成为新时期混合所有制企业职业经理人的品德修养。甘于奉献，要把国家和企业利益放在首位，不计较个人得失，以"老黄牛"精神担当尽责，苦干实干，全心全意奉献自己的一切。具体而言，职业经理人应在本职岗位上勤恳工作、淡泊名利、克己奉公，树立"舍小家，顾大家"的情怀，为企业贡献毕生力量。只有这样才能赢得广大领导、职工由衷的信赖和支持，在实际工作中发挥出积极的感召作用、鼓舞作用和调节作用，为积极推进混合所有制企业高质量发展提供强大的精神动力。

（2）价值观维度

职业道德是职业经理人内在规范与要求，是在经营管理企业过程中表现出来的品德。职业道德是指在职场中应遵循的道德规范和职业行为规范。

① 诚实守信。诚实守信是中华民族的传统美德，是企业经营活动中法律化、制度化的要求，也是树立自身信誉人格、塑造企业形象、增强国有企业内部凝聚力和社会信用的重要保证。习近平总书记在2020年7月的企业家座谈会上期望企业家诚实守信。在这方面，混合所有制企业的职业经理人要遵守国家法律，遵守公司制度章程，维护企业利益；做人坦诚，坚持原则，敢于讲真话；树立公正、公平的处事态度和大公无私的价值观念；信守承诺，言行一致，取信于客户和员工。

② 业绩导向。混合所有制企业培育职业经理人队伍的核心目的是激发经营管理层活力，增强竞争力，更好地参与市场竞争，实现做强做优做大的发展目标。经营业绩是最直观的度量标准。因此，混合所有制企业职业经理人必须具备业绩导向的价值观，一切以业绩和结果说话。具体要求是以业绩和结果作为衡量工作成效的主要依据，重点关注提高绩效、实现目标和产出结果。

③ 以人为本。以人为本是优秀职业经理人的基本工作态度

和原则，对人才重视的混合所有制企业能够实现基业长青。职业经理人一是要将以人为本的理念融入员工管理工作中，增强员工对企业的认同感和忠诚度，促进工作积极性和责任感；二是深入基层，切实充分掌握各层员工生产生活状况，在制定相关政策或者落实决定时能够兼顾各方的利益，做到资源的有效配置；三是破除"官本位"思想，尊重并认可员工，树立相互配合、协调共赢的发展理念。

④ 客户导向。职业经理人应尊重市场规律，充分认识客户对企业生存发展的价值，能够在激烈的市场竞争环境中密切关注市场环境和客户需求的变化。市场环境瞬息万变，混合所有制企业职业经理人只有以客户为导向，才能带领企业及时调整和适应环境变化。职业经理人具体要以满足客户需求为中心，围绕客户需求，不断创新和改善产品，为客户创造价值，赢得忠诚客户。

（3）素质维度

① 意志坚强。面对激烈的市场竞争，尤其是在急难险重时刻，能够顽强坚持，不轻言放弃，志存高远，能吃苦，办大事。同时，具有较强的自我控制力，不受外界因素干扰。面对竞争激烈的国内环境和瞬息万变的国际市场，混合所有制企业职业经理人只有具备顽强坚定的意志和胆识过人的决断，才能够挽救企业于生死存亡之间，让企业再现蓬勃生机。

② 主动应变。预见未来潜在风险、机遇挑战，并提前谋划主动出击，整合资源增强影响，迎难而上解决问题。混合所有制企业优秀职业经理人不仅要见微知著、未雨绸缪，提前预判，果断决策，而且要充分研判市场前景，把握机遇敢于挑战，善用资源降低风险。

③ 持续学习。习近平总书记强调领导干部应具备的"八种本领"，首位是学习本领，其定义是通过阅读、听讲、研究、实践等方法获得所需要的知识或技能的能力，以及应用所学知识的

能力。混合所有制企业职业经理人应具有旺盛的求知欲和强烈的好奇心，不断接受新鲜事物，及时学习并更新认知，提高个人综合能力。

④ 国际视野。2020年7月，习近平总书记在企业家座谈会上强调企业家要提升国际视野。国际视野是指具有国际化经营理念和意识，能够站在全球角度观察经济运行规律，善于捕捉和利用全球资源服务于企业发展，确定与调整企业发展战略和经营布局。优秀的国有企业职业经理人要不断拓展国际视野，立足中国，放眼世界，提高把握国际市场动向和需求特点的能力，增强把握国际规则能力，提升国际市场开拓能力，提高防范国际市场风险能力，带动国有企业在更高水平的对外开放中实现更好发展。

（4）能力维度

① 战略决策。是指面对复杂多变的外部环境，基于数据研判，综合多元信息，运用多重思维，系统性地形成业务认识和判断，从而做出有科学创意的战略性决策。具体而言，优秀的混合所有制企业职业经理人应具有趋势洞察能力，判断行业3~5年的变化趋势，进行突破性思考，指出战略方向；具有全局思考能力，从全局的角度权衡各种因素利弊，分析不同战略路径可行性，谋划发展思路，制定最佳战略；同时，具有把握本质的能力，善于在多变环境中迅速抓住业务成败的核心因素，进行灵活的战略调整。

② 勇于创新。强调混合所有制企业职业经理人要具有较强的冒险精神，不拘泥于已有的管理经验，勇于挑战自我，根据企业所处环境和发展状况，设定更具挑战性的目标，探索开创性的管理范式，创造卓越的业务结果。调研显示，不同类型混合所有制企业对职业经理人勇于创新的要求差异较大，例如，商业一类企业对职业经理人的创新意识要求较高。

③ 塑造组织能力。是指根据企业整体战略、文化、价值观要求，建立和优化组织架构、提升业务与管理流程、建设团队人才发展机制等，落实战略、文化、价值观，提高组织能力，从而形成卓越独特的竞争优势。具体而言，优秀的混合所有制企业职业经理人应具备传播践行文化价值观、打造优良健康的组织优势：一方面，通过持续宣传贯彻、以身作则等方式，在组织内落实公司文化和价值观的要求；另一方面，打破组织壁垒和障碍，推动建立活泼优良的组织文化，如打造无边界沟通、扁平化组织设置、跨组织协作、集体反思学习为核心的组织学习文化。

④ 领导团队。是指有明确的组织目标，建立组织规则和体系，实现团队有序运作，激发团队活力，培养团队能力，有效提升凝聚力，打造高绩效团队。具体而言，优秀的混合所有制企业职业经理人应具有凝聚团队灵魂、打造高绩效团队的能力：一是以身示范，塑造传播团队文化和价值观；二是通过持续描述企业愿景和使命，不断感召和激励团队，营造高绩效的工作氛围；三是针对团队成员特点和工作情景要求，采用多样领导方式，灵活应对。

⑤ 跨界协同。是指尊重和认可跨团队的成员，并与之通力协作，提供支持互助，以实现资源共享，发挥组织的协同优势，提升核心竞争力。具体而言，优秀的混合所有制企业职业经理人应善于建立持久合作机制，产生多元化协同效应：一方面，通过不断协商、总结与反思等方式，创造多元化业务协作模式，建立持久的跨团队合作机制；另一方面，坚持从集团公司视角出发，打破边界，产生多元化协同效应，形成集团核心竞争优势。

⑥ 执行力。是一种综合能力，能够根据战略目标要求，在深入分析战略思路基础上，整合企业内外部资源，形成科学化执行方案，从而贯彻企业战略意图，达成企业战略目标。例如，受访者提到"对于公司副总来讲，执行力格外重要"。优秀的混合

所有制企业职业经理人要具备较强的执行力，既要善于整合内外部资源，还要善于组建和发展团队；既要善于执行董事会的指示，还要善于表达自己的主张，赢得董事会的认可和支持；既要善于感染同事，还要善于激励自我，不断追求卓越。

⑦ 风险管控。是指预测企业遭受的损失、伤害以及面对的不利因素，制定预案，以最低的成本达到预期目标的能力。2021年12月，国务院国资委原党委书记、主任郝鹏在中央企业负责人会议上要求国有企业将"防风险摆在更加突出位置"。混合所有制企业职业经理人面对市场环境中不断升级的风险挑战，既要保持战略定力，又要未雨绸缪，强化忧患意识，高度重视和防范各类风险。强化各类风险识别，建立预判预警机制和风险管控体系，坚持底线思维，及时排查风险隐患，制定完善的应对预案，为高质量发展保驾护航。

(5) 价值创造维度

① 业务增长。《操作指引》要求职业经理人的人选"以往经营业绩突出，在所处行业或相关专业领域有一定影响力和认可度"。职业经理人的业务增长考核指标目标值设定应当具有较强的挑战性，力争跑赢市场、优于同行，推动混合所有制企业"两利四率"，努力实现"两增一控三提高"。"两增"即利润总额和净利润增速高于国民经济增速，"一控"即控制好资产负债率，"三提高"即营业收入利润率、全员劳动生产率、研发经费投入进一步提高。指标的目标值应当结合本企业发展战略、经营预算、历史业绩、同行业业绩对标等综合确定。

② 管理提升。加强管理是混合所有制企业发展的永恒主题，是混合所有制企业实现基业长青的重要保障。随着新技术、新业态、新模式不断涌现，职业经理人要注重运用先进的管理工具和方法，与世界一流企业对标，苦练管理内功，不断提升管理能力和管理水平，确保混合所有制企业在日益复杂激烈的竞争环境中

立于不败之地。具体评价标准建议参照《关于开展对标世界一流管理提升行动的通知》要求，在综合分析世界一流企业优秀实践的基础上，深入查找本企业管理的薄弱环节，持续加强企业管理的制度体系、组织体系、责任体系、执行体系、评价体系等建设，具体包括战略管理、组织管理、运营管理、财务管理、科技管理、风险管理、人力资源管理、信息化管理8个方面。

③队伍建设。人才队伍是支撑混合所有制企业发展的不竭动力，要努力培养造就一支政治可靠、专业精深、本领高强、作风优良、遵守纪律的高素质职业经理人后备队伍。为吸引凝聚、培养造就、用好用活优秀职业经理人才，混合所有制企业需要不断完善职业经理人发展体制机制。一是精准科学选人用人。坚持党管干部原则，发挥市场机制作用，积极探索"揭榜挂帅""赛场选马"机制，在混合所有制企业内部大力选拔基层经验丰富、实干实绩突出的优秀年轻干部，优化后备职业经理人队伍结构，提升后备职业经理人队伍素质。二是加大培养锻炼力度。按照优秀职业经理人培养方向，积极开展专业化培训和轮岗交流，让后备职业经理人到吃劲负重岗位经受摔打，在开拓市场、推进改革、专项攻坚等一线前沿经受磨练，加快成长为复合型人才。三是激励职业经理人担当作为。坚持严管和厚爱相结合、激励和约束并重，制定落实"三个区分开来"、激励职业经理人及后备队伍担当作为的制度文件，建立容错机制，完善激励政策，激发调动干事创业积极性。

（三）基于五星素质评价模型优化职业经理人队伍

1. 完善职业经理人选用标准

作为通用模型，五星素质模型在混合所有制企业具有较强普适性。鉴于混合所有制企业的行业领域、功能定位各不相同，为提高各混合所有制企业素质评价模型精准性，可在五星素质模型的基础上，根据企业特点，细化职业经理人素质评价模型，打通混合所有制企业经理人选聘、培养、使用、考核、退出的各环节、全过程。完善过程中要以有效管用、简便易行、适度引领、符合实际为目的，着力把握五点原则。一是贯彻中央要求，体现党的十八大以来和十九大报告对中央干部政策的新精神、新要求。习近平总书记对国有企业领导人员提出在对党忠诚、勇于创新、治企有方、兴企有为、清正廉洁方面的能力要求指标进行重点考察。二是深入挖掘富有混合所有制企业职业经理人的政治性、行业性、公益性、政策性、民族性特点和相应素质能力。三是支持高质量发展战略，突出国际视野、专业能力、创新发展等维度和内涵。四是满足管理需要，按照"方向不偏离、释义更鲜活"理念，力求提炼出一些核心关键且普遍实用的主要指标，做到可引导、可衡量、可评价，对受访混合所有制企业家和职业经理人认可度超过90%的评价指标酌情重点考察，例如在勇于担当、业绩导向、持续学习等方面建立考核标准，强化考核力度。五是坚守底线思维和零容忍要求。例如，华润集团的《华润十戒》，规定了各级经理人必须严格遵守的十条行为，如果触犯任何一条，不论以往业绩，一律从严处理；中粮集团领导力模型由"高境界、强合力、重市场"三个维度九个要素构成，其中明确"高境界"得分不达标的职业经理人一律不予提拔。

2. 加强职业经理人培训与素质提升

第一，提升职业经理人培训理念。一是坚持政治统领。习近平总书记在全国党校工作会议上的讲话强调"一切教学活动、一切科研活动、一切办学活动都坚持党性原则、遵循党的政治路线，坚持以党的旗帜为旗帜、以党的意志为意志、以党的使命为使命"。混合所有制企业职业经理人教育培训的第一属性是政治性，必须旗帜鲜明讲政治。在教育培训的课程设置、教学内容、教材选择、教师选配等方面要确保正确政治方向。二是坚持服务大局。高质量地服务党和国家事业是职业经理人教育培训的根本任务，必须紧密围绕党和国家事业发展需要，结合职业经理人岗位职责和健康成长需要开展干部教育培训。混合所有制企业是党执政兴国的重要支柱和依靠力量，要不折不扣落实党中央决策部署。职业经理人培训工作应紧扣党中央最新重大决策部署、国企改革发展前沿问题、职业经理人队伍建设需要，持续优化培训体系。三是落实精准化培训。习近平总书记强调，要加强对干部的教育培训，开展精准化的理论培训、政策培训、科技培训、管理培训、法规培训，增强适应新形势、新任务的信心和能力。开展分类分层精准化培训，针对不同职业经理人的特点，结合五星素质模型和企业需求，有针对性地进行分行业、分主题、分岗位、分层级培训，做到因人施训、因需施训。

  第二，创新教学方式、方法。作为混合所有制企业高级管理人员，职业经理人应具有丰富的实战经验和扎实的专业优势。传统讲授式教学方法以教师为主，感染力和吸引力均不足。应采用以职业经理人和企业家为主体，以五星素质模型评价指标为导向，以解决问题为着眼点的教学方式、方法。一是加强建导技术工具运用。结合培训需求，引入结构化研讨、研究式教学、行动学习等前沿培训方法。二是大力推广案例教学模式。教学案例是从企业鲜活实践中萃取出来的典型经验；授课过程中，通过复盘、互动研讨等方法，引导参训职业经理人主动探索课程知识点、分享工作经验，变被动学习为主动学习，有效提升学习效率。三是明确互动式教学方法应用力度。例如，要求在每期培训班中，案例式、体验式、辩论式教学等课程比重不低于30%。

  第三，加强网络培训渠道建设。一是建设在线学习精品课程库。课程资源建设是网络培训的核心内容，建议依托五星素质模型，从政治品格、价值观、素质、能力、价值创造5个维度22个领域，打造理论与实践相结合的精品课程。此外，要聚焦国企改革发展中的重点和难点问题，大力开展企业特色实践课程，促进国有企业先进管理经验传播，提升网络培训的实效性。二是加强线上线下协同培训机制。根据培训主题、培训时间、职业经理人年龄及岗位等因素，合理设定每期培训班中线上线下课程的比例，将线上培训作为线下培训的有益辅助。三是尝试网络培训新技术、新模式，重点对直播课程、翻转课堂、大数据微课推荐、移动自助学习平台建设等学习方式进行深入探索。

3. 优化职业经理人考核评价机制

第一，完善评价方式。混合所有制企业职业经理人考核方式包括书面述职、深度访谈、问卷测评、所在党委综合评价，建议将企业发展战略、企业文化、人力资源管理水平、职业经理人岗位等因素综合考虑并纳入考核范畴，结合五星素质评价模型的五大特点，有针对性地设计不同评价方式和工具。"政治品格"方面应重点关注中心组学习、民主生活会发言等材料，个人有关事项报告核查，纪检监察部门出具意见、干部人事档案审查等。在组织评价、现场访谈的同时，重视"价值观""素质"和"能力"三类指标测评结果。"价值创造"方面应采用专门组织的业绩考评结果。例如，考察党建工作考评结果、近三年绩效考评结果、其他相关工作考评结果等。

第二，探索分类考核机制。根据企业行业特点和所处发展阶段，对职业经理人进行分类管理、分类考核评价，避免使用"一刀切"陈旧考核方式。具体而言，依据企业生命周期理论，管理培育期业务的职业经理人考核重点为营业收入增速；管理成长期业务的职业经理人考核重点为市场份额、运营效率等；管理成熟期业务的职业经理人考核重点为投资回报率。

第三，建立人才会议机制。为全面而客观地评价职业经理人的业绩表现和能力素质，建议混合所有制企业探索人才会议机制，全面了解、评价和优化职业经理人队伍。由董事长、总裁和人力资源总监等组成评议组，通过团体评议形式，对职业经理人进行综合评价，依据评定结果辅助相应的奖励、发展和退出计划。将职业经理人的考核评价与选拔任用、培养、激励、退出等环节有机联系，有效增强管理系统性。

第四，强化评价结果应用。应将各级职业经理人任职期间素质能力考评结果作为岗位提拔和调整的重要依据，评价结果优秀的职业经理人成为向更高层级培养与提拔的重点考虑对象，对于评价结果不佳的职业经理人，坚决予以整改调整。对于表现突出的各级职业经理人，以设置专项奖、树立典型模范、内部宣传等方式奖励表彰，激发干事动力。

第二节　提升领导人员转化意愿，加强混合所有制企业职业经理人队伍建设

发展壮大混合所有制企业职业经理人队伍，对推动混合所有制企业高质量发展具有十分重要的意义。在调研过程中，有职业经理人试点单位反映"职业经理人后备人才队伍建设问题有待解决，只有拥有充足的职业经理人才储备，才能够保证职业经理人制度的有效推进"。混合所有制企业内部领导人员是职业经理人队伍的主要来源，如何提升领导人员的转化意愿具有重要的研究意义。

混合所有制企业推行职业经理人制度是深化改革的重要组成部分。随着党的十八届三中全会《中共中央关于全面深化改革若干重大问题的决定》明确提出要推行职业经理人制度，中央陆续

出台了一系列政策文件指导国有企业加快建设优秀职业经理人队伍。但是，目前混合所有制企业职业经理人总体质量和数量仍不能满足企业发展需求，制约了企业竞争力的提升。

混合所有制企业选聘职业经理人的来源是企业外部市场的管理者和企业内部领导人员。问卷调查数据显示，混合所有制企业内部转化为职业经理人身份的领导人员占职业经理人队伍总数的80%，个别企业甚至达到100%。尽管内部领导人员已经成为主要来源，但该群体普遍存在转化意愿偏低、顾虑较多的问题，一些年龄偏大的领导人员尤其存在此类问题，甚至出现个别领导人员因不愿成为职业经理人而被迫调岗的现象❶。

为深入贯彻落实党中央推动混合所有制企业职业经理人制度建设要求，畅通领导人员身份转化通道，助推领导人员转为职业经理人，发展壮大专业精深、本领高强的职业经理人队伍，基于问卷调研、访谈调研、实地调研、公开文件文献等多源数据，分析驱动领导人员转为职业经理人的因素，提出加强国有企业职业经理人队伍建设的对策与建议。

（一）驱动混合所有制企业领导人员向职业经理人转化的因素

1. 研究过程

首先，依照《"双百企业"推行职业经理人制度操作指引》内容和规定的职业经理人选聘范围，选取30名混合所有制企业职业经理人进行深度访谈，获取影响转化意愿的具体信息❷。

---

❶ 在深度访谈的30名混合所有制企业职业经理人中，有1名反映此问题。
❷ 访谈提纲主要包括"影响领导人员转化为职业经理人的因素及事例""是否愿意成为职业经理人及原因"等。

2名研究员和1位资深专家就30份访谈记录，运用扎根理论三级编码方法，分别进行质性分析和归类，并使用质性分析软件NVivo11再次检验分析，初步获取影响混合所有制企业领导人员转化身份的要素。最后，通过回收110份混合所有制企业职业经理人有效调研问卷，对上述驱动因素进行检验和完善，剔除认可度较低因素，凝练最终驱动因素。

2. 初步结论

根据数据分析结果，从个体、组织和社会三个层面构建了三类驱动因素（包括10个子要素），图5-3显示被调研职业经理人对影响要素的认可度均超过80%。

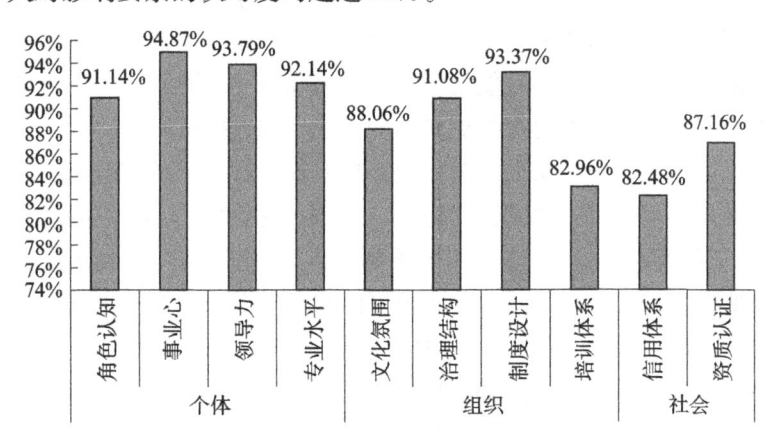

图5-3 影响要素认可度

层面	要素	认可度
个体	角色认知	91.14%
个体	事业心	94.87%
个体	领导力	93.79%
个体	专业水平	92.14%
组织	文化氛围	88.06%
组织	治理结构	91.08%
组织	制度设计	93.37%
组织	培训体系	82.96%
社会	信用体系	82.48%
社会	资质认证	87.16%

第一，在个体层面，强调领导人员要有快速适应职业经理人岗位的能力，即"岗位适应力"。该影响因素包括角色认知、事业心、领导力、专业水平四个子要素。"角色认知"是指在混合所有制企业内部领导人员对职业经理人角色和工作职责充分了解之后，更倾向于向职业经理人转化。受访者表示对职业经理人角色的认知还存在一定问题，主要体现在"对职业经理人制度认识

不足，有思想顾虑""担心契约约定权利落实不到位"。"事业心"是指拥有强烈的使命感和进取心，能够主动迎接工作挑战，属于价值观范畴。例如，中粮集团经理人评价模型的核心要素是具备"事业心"。调研发现，不断向更高目标奋进的混合所有制企业领导人员更倾向于成为职业经理人，受访者表示"有事业心和干劲的领导人员才适合做职业经理人"。"领导力"是指领导人员具有驱动团队成员高效主动地完成创新组织目标的能力。例如，华润集团经理人能力素质模型的核心要素是"领导力"，包括跨团队合作能力、领导团队能力、塑造组织能力。受访者表示"跨部门协作的沟通不畅和不配合，对转化为职业经理人的意愿有很大影响"。"专业水平"强调领导人员的专业能力要与职业经理人的岗位素质能力要求相匹配，要求专业人才具有优秀的业务洞察能力、持续学习能力等。受访者认为"（领导人员）专业能力不足将难以面对竞争更激烈的职业经理人岗位"。

第二，在组织层面，为职业经理人提供有利于转变身份的制度文化环境，即"组织支持度"，具体包括文化氛围、治理结构、制度设计、培训体系四个子要素。"文化氛围"是指组织要打造包容开放、友好、合作、公平的文化氛围，主要受上级领导态度、同事关系、部门协作配合等因素影响。受访者认为"友好、包容性强的公司内部文化氛围有利于领导人员转为职业经理人"。"治理结构"强调党委、股东会、董事会、监事会、经理层的权（职）责界定清晰。调研发现，"董事会依法选择经营管理者，具有对经理层的选聘权、薪酬管理权、业绩考核权，对内部人员转为职业经理人转化意愿有重要影响"。"制度设计"是指进一步完善"市场化选聘""契约化管理""差异化薪酬""市场化退出""监督管理"五个关键环节的管理制度，明确责权利关系。受访者指出"制定规范透明的选拔程序有利于提升领导人员的转化意愿；通过与职业经理人签订聘任合同能够明确权利义务关系"。"培训体系"强调提供有针对性的、多样化的培训辅导,能够助力职业经理人成长。受访者认为"完善职业经理人相关培训机制有助于提升管理者的转化意愿"。

第三,在社会层面,要加强职业经理人市场的完善程度,即"市场成熟度",具体包括职业经理人市场的信用体系、资质认证两个子要素。健全职业经理人市场,加快人才流动,提升资源配置效率,降低领导人员转化身份时的顾虑。"信用体系"强调职业经理人在学习、生活和工作中诚信履约而获取的口碑效应,彰显其可信任程度。调研发现"职业经理人市场的信用体系建设和职业声誉管理,会影响内部管理人员的转化意愿"。"资质认证"是指建议以岗位职责要求为基础,以品德、能力和业绩为导向,构建一套实用的评价标准,有利于对混合所有制企业职业经理人的科学甄识。受访者认为"缺乏权威资格认证体系和评价,会影响领导人员对职业经理人任职资格评价公证性的认可"。

(二)加强混合所有制企业职业经理人队伍建设的建议

基于上述影响因素及存在问题分析,将从个人岗位适应力、企业组织支持度、社会市场成熟度三方面提出建议,提升领导人员履职能力,壮大混合所有制企业职业经理人队伍。

1. 提升领导人员岗位适应力

个人因素是驱动转化意愿的根本动力和应对职业经理人岗位的核心能力。

第一,促进领导人员角色认知。建立公平信息共享机制,持续推进职业经理人制度的宣导工作,传递国资委和混合所有制企业对职业经理人的要求和期待,促进混合所有制企业领导人员加快理解职业经理人的角色定位。

第二,培养领导人员事业心。一方面,适度给予领导人员干事压力,与时俱进、久久为功,让他们在不断攻克难题过程中树立信心,激发事业进取心。另一方面,要关注已转化角色的管理者的心理变化,对出现失落、浮躁、抑郁、压抑等心理状态的职业经理人及时给予组织关怀和心理辅导干预,鼓励和帮助其适应新的工作环境,避免工作受挫,影响未来职场发展。

第三,提升领导人员领导力。一是加强领导团队能力。明确团队目标,建立规则和体系,实现团队有序运作,激励、培养团队能力,有效提升凝聚力,最终打造高绩效团队。二是提升跨团队合作能力。尊重和认可跨团队成员,与之通力协作,提供互助支持,实现资源共享,发挥组织协同优势,提升混合所有制企业整体核心竞争力。三是提高塑造组织能力。根据企业整体战略、文化、价值观要求,建立并持续完善组织架构、优化业务管理流程、强建人才发展机制等,落实企业发展战略,提升组织能力,进而形成混合所有制企业职业经理人队伍的独特竞争优势。

第四,提升领导人员专业水平。一方面,加强理论与实践相结合的学习,对储备领导人员进行系统培训,重点学习战略决策、创新思维、风险防范、执行力等专业知识。另一方面,提供实践锻炼机会。尝试领导人员转化过渡保护期制度,过渡保护期考核结束后执行"双向选择",领导人员可选择是否真正转化为职业经理人身份,混合所有制企业也可进一步确认该领导人员是否具有转化资格。

2. 加强组织支持度

调研发现,"组织支持"是推动混合所有制领导人员转化为职业经理人的重要因素。

第一,营造和谐文化氛围。一是从上下级关系角度,鼓励上级领导通过鼓励、承诺和资源支持等方式，提升处于转化过程中领导人员的心理安全感。二是从同事关系角度，完善组织内的信息传递链，强化上下级沟通的顺畅度，促进同事的关系融洽度，提升内部管理者的组织归属感。三是从跨部门协作角度，鼓励设计跨部门协作项目，提高部门之间协作配合能力，提升不同部门同事之间的协作效率，提升领导人员的职业自我效能感。

第二，健全权责清晰、有效制衡的公司法人治理结构。领导人员非常重视完善治理结构的重要作用。混合所有制企业要清晰界定股东会、董事会、党委会、监事会、经理层之间的权责；董事会依法选择经营管理者，具有对经理层的选聘权、薪酬管理权、业绩考核权；公司章程、规章制度、任职合同中要对经理层的责权利及其行为做出明确规定。

第三，加强制度设计，细化操作要点。遵循《操作指引》要求，结合混合所有制企业所处行业特点和自身功能定位，细化"五化环节"操作要点，设计相辅相成、相互制约、相互作用的责权利体系，推动职业经理人行为与企业发展战略相统一。尤其要充分对标行业、对标市场，持续优化考核评价体系，建立系统完善的激励机制；进一步优化职业经理人退出机制和保障机制，推动职业经理人与企业建立良性合作关系。近年来，云南白药控股有限公司探索出一条行之有效的制度设计新路径，成功将管理层领导人员转为职业经理人，不仅有力打造云南白药成为参与国际医药竞争的国家队，也为深化混合所有制企业改革提供示范和借鉴。

第四，加强职业培训体系的有效性和针对性。做好职业经理人队伍建设规划，针对领军人才、技术专家、关键岗位人才等不同职业经理人岗位需求，对储备领导人员的胜任力进行专项诊断，提炼出培训需求，开展分层分类的系统性培训，打消内部管理人员对新岗位的不确定性顾虑。

3. 完善职业经理人市场成熟度

目前，职业经理人市场尚未成熟，优秀职业经理人供给严重不足。只有形成职业经理人合理有序流动的市场，才能保证混合所有制企业领导人员向职业经理人转化的常态化发展。

建议在国资委指导下，由部分成功推行职业经理人制度的试点混合所有制企业牵头成立职业经理人管理联盟，在制度层面建立权威的职业经理人信用管理体系和资质认证机制，加强企业外部监督和约束机制，有序扩大职业经理人市场规模。其中，要重点推进两方面工作。一方面，完善信用管理体系。职业经理人信用管理体系动态更新职业经理人的业绩水平和职业道德情况，将其信用评价纳入社会个人信用评价系统中，建立黑名单及定期公示制度，提升社会"公信力"。另一方面，健全资质认证机制。根据不同行业用人标准分类，建立科学有效的评价标准体系，明确准入条件、等级标准、任职条件，并纳入国家统一管理。

第三节 优化中长期激励机制，激发混合所有制职业经理人活力

中长期激励机制是混合所有制企业职业经理人制度的重要组成部分。《"双百企业"推行职业经理人制度操作指引》明确提出，积极鼓励国有企业综合运用中长期激励政策，不断丰富完善经理层成员的薪酬结构。《国企改革三年行动方案（2020—2022年）》明确提出，要"系统梳理评估""有序推进"中长期激励机制。国务院国资委多次在改革推进会上强调，要灵活开展多种方式的中长期激励，结合自身行业特点、人才结构、成长阶段等情况，统筹实施更大范围、更有针对性的中长期激励举措，形成

与其他所有制的同行业企业竞争力相当的激励制度和激励水平❶；激励政策应用应横向到边，充分利用好现有激励政策，推动中长期激励工具实施"扩围"❷。

混合所有制企业职业经理人的中长期激励是激活企业活力的关键内容，也是混合所有制企业深化改革所面临的难点和挑战。前期问卷调研显示，超过 90% 的受访者认为中长期激励可以有效减少委托代理成本，实现利益共享风险共担，吸引和保留职业经理人；但是只有 34.9% 受访者所在企业推行了职业经理人中长期激励机制，总体上处于小范围试点阶段。

为深入贯彻落实党中央推动混合所有制企业职业经理人制度建设要求，优化中长期激励机制，激发职业经理人活力，基于问卷调研、访谈调研、实地调研、公开文件文献等多源数据，深入分析影响混合所有制企业职业经理人中长期激励机制建设的因素，提出完善职业经理人中长期激励约束机制的建议，期待混合所有制企业能针对职业经理人特点，开展更多、更深、更系统的中长期激励实践和创新。问卷调研范围按照《操作指引》规定的职业经理人选聘范围执行，共发放回收问卷 100 份。

（一）影响混合所有制企业职业经理人中长期激励实施的主要因素

调研显示，87% 的受访者认为"中长期激励政策滞后，缺乏系统性"，深入分析包括以下五个方面的制约因素。

---

❶ 2020 年 10 月，《关于印发郝鹏同志在中央企业改革三年行动工作部署视频会议上讲话的通知》（国资党发〔2020〕78 号）。

❷ 2021 年 7 月，国务院国资委翁杰明副主任在"国有企业强化正向激励专题推进会"上的讲话。

1. 实施中长期激励机制的前置制度不完善

法人治理结构完善是有效实施职业经理人中长期激励的重要前置条件。但调研显示，87.5%受访者认为"中长期激励所需法人治理机制不健全"。一方面，董事会成员构成不合理，没有形成有效制衡机制。例如，部分混合所有制企业董事会以内部执行董事为主，本级经理层兼任所属企业董事会成员，外部董事未占多数；董事会成员为内部人员，缺乏专业的外部独立董事。另一方面，授权不到位，阻碍中长期激励机制落地。例如，部分混合所有制企业董事会的重大事项决策权，对经理层的选聘权、薪酬管理权、业绩考核权等重要权利未落实到位；股东大会、党委会、董事会、监事会、经理层之间权责不清晰，管理边界和治理主体的责任不清晰问题仍在一定范围存在。

2. 中长期激励机制相关政策适用范围严格

一方面，激励力度不足。受持股比例、行权条件等限制，既有中长期激励工具的激励力度不足。例如，《关于国有控股混合所有制企业开展员工持股试点的意见》（国资发改革〔2016〕133号）规定：员工持股总量原则上不高于公司总股本的30%，单一员工持股比例原则上不高于公司总股本的1%。调研发现，有较多受访者希望提高激励计划的授予额度；部分受访者对中长期激励计划的预期收益不乐观，工作状态有待改善。另一方面，先决条件限制。多数中长期激励政策存在先决条件的限制。例如，上市公司股权激励要求公司为已上市的公众公司，科技型企业股权激励要求企业符合科技型认定的相关条件。这就造成了部分混合所有制企业虽有"想法"但无"办法"的窘境。

3. 集团缺乏对内部中长期激励机制缺乏统筹管理

部分混合所有制企业只依据单一子公司情况设计职业经理人中长期激励机制，缺乏对各子公司中长期激励机制的统筹规划。调研显示，在业务范围广、周期长、模式复杂的建筑和能源行业，此类现象尤为明显。例如，在相关公司中，不同经济发展水平地区的子公司实施相同的中长期激励机制，容易引发公平问题。同样努力的职业经理人，在经济发达地区，投资机会多，企业经营业绩好，容易获得更高收入；相反，在欠发达地区，投资机会较少，获取高业绩难度较大，整体收益也随之降低。地区差异会导致职业经理人产生不公平感，也容易导致企业人力资本配置失衡。

4. 中长期激励机制设计方案不够精准

第一，激励目标不准确。部分混合所有制企业在方案制定过程中的目标设定过高或者过低，引发被激励者"不感兴趣"或高水平"大锅饭"现象，部分受访者对中长期激励计划的预期收益不乐观。第二，激励方案缺乏针对性。部分混合所有制企业机械地套用中长期激励政策工具，没有根据行业特点、企业特点，分层、分类地细化制度，降低了激励机制的适用性。第三，非物质激励措施的关注不足。调研显示，绝大多数职业经理人中长期激励机制过于注重薪酬待遇等相关物质类激励，对精神激励的倡导和应用不够，对组织文化建设不够有力。根据受访者反馈，多数职业经理人非常重视声誉、成就感等非物质激励。

5. 中长期激励机制配套制度不完善

混合所有制企业实施中长期激励机制有赖于相关配套制度的支撑。一方面，绩效评价体系有待完善。调研显示，89.5%受访者认为"与中长期激励对应的绩效管理体系不健全"。部分国有企业绩效评价指标单一，考核条件过于宽松或者过于严厉，造成激励方案难以落实，进而影响职业经理人对激励机制的信心。另一方面，监督管理仍需加强。个别混合所有制企业申请实施中长期激励机制是为了短期利益，与中长期激励的目标背道而驰。监督管理不严会引发机会主义行为，造成"激励扭曲"现象。例如，把岗位分红看成扩大工资总额的一种手段，管控不当易演变为附加绩效奖金，成为"大锅饭"。

（二）完善混合所有制企业职业经理人中长期激励机制的建议

混合所有制企业在推进职业经理人中长期激励机制建设工作中，存在较明显的工具化思维，希望某种激励工具解决所有问题。此项工作是一个复杂系统工程，需要系统性解决激励工具选择、设计、实施等环节存在的不足。

1. 优化中长期激励机制前置制度

加强混合所有制企业董事会建设，推动实施职业经理人中长期激励机制。一是优化董事会人员构成，确保外部董事占董事会成员一半以上且应具备完全独立表决的条件及能力，合理配备符合条件的相关业务领域专家为外部董事。二是单列科技型混合所有制企业，重点落实科技型混合所有制企业董事会的重大事项决策权，实施监管放权，减少职业经理人中长期激励制度的事前审批管理，酌情加强事中、事后的监管，让高科技型混合所有制企业的经营机制更加灵活和市场化。例如，海康威视突破体制限制，参考民企的激励机制，创新采用"跟投""合伙人"模式，极大地激发职业经理人创业拼搏的热情。三是厘清董事会和经营层职责和权力，明晰相关事项的决策主体，提高决策效率，确保董事会依法落实职业经理人的激励考核职能。

2. 加强中长期激励机制统筹管理

企业集团应加强统筹管理，平衡各子混合所有制企业需求，构建"管控+赋能+共享+反馈"的职业经理人中长期激励管理体系。一是注重流程管控。建立从受理申请、综合评估、迭代完善到批复执行的中长期激励管理工作程序，着力从资质条件、激励方案和决策程序等方面对中长期激励方案进行系统评估、严格把关。二是加强赋能提升。明确中长期激励的总体框架、方案设计原则和管控方法；汇总分享经典案例和经验；组织专家团队，为个性化需求提供专业意见。三是推动共享协同。建立集团级中长期激励机制共享服务平台，组织论坛，研究热点、难点问题，交流经验，反思教训，促进共享协同。四是重视问题反馈。要求子公司将实施激励机制过程中的问题及时反馈到集团总部，作为及时干预和持续改进职业经理人中长期激励工作的基本依据。

3. 提高中长期激励机制精准性

第一，基于业务周期分类设计中长激励机制。混合所有制企业业务范围广泛，细分业务领域众多，需要根据职业经理人负责业务所处发展阶段，有针对性地设计中长期激励机制。按照产品生命周期理论，混合所有制企业职业经理人负责业务可以分成孵化期、成长期和成熟期三类。一是孵化期业务❶。必须快速迭代产品，抢占技术高点，形成先发优势。应着重结合业务盈余和发展预期，设计以期权为主的中长期激励方案，激励职业经理人开

---

❶ 指成立时间不足三年、商业模式尚未形成、市场结构不稳定的业务。

拓新的技术创新和业务发展领域。二是成长期业务❶。要注重保持在技术和市场等方面的持续投入，平衡投资支出和短期盈余。建议探索股权类中长期激励方式，构建职业经理人与企业的利益共享机制。三是成熟期业务❷。应基于经营业绩，开展利益分享类中长期激励方式（例如，岗位分红权），让职业经理人享受创新效益和发展成果，维护人才队伍稳定，延长业务生命周期。

第二，基于功能类别和行业特殊性设计中长期激励机制。混合所有制企业所涉行业领域众多，功能类别差异较大，需要根据职业经理人所处企业功能类别和行业特殊性，科学设计中长期激励机制。一是对处于增强国有经济活力、放大国有资本、实现国有资本保值增值的商业第一类混合所有制企业的职业经理人，侧重考核资本回报水平和可持续发展能力；对处于商业第二类混合所有制企业的职业经理人，侧重考核对国家战略服务和重大专项任务的应对能力；对处于公益性第三类混合所有制企业的职业经理人，侧重考核产品服务质量、成本控制、营运效率和保障能力。二是对身处重点行业特殊混合所有制企业的职业经理人，实施精准化考核，出台考核实施方案，侧重考核创新水平、科技成果产出和转化、盈利能力。三是严格遵循市场经济规律和企业发展规律，坚持短期目标与长远发展相结合，坚持年度考核和过程评价相结合，研究制定科学设计考核方案，对职业经理人考核做到"一业一策""一企一策"，切实提高目标管理水平，压实职业经理人的履职担当。

第三，重视非物质激励的长效作用。作为高级管理者，单纯物质激励无法充分调动职业经理人的积极性，要重视非物质激励的长效影响。一要培养使命担当意识。从国有企业性质与使命高

---

❶ 指进入市场三到十年、营业收入和市场规模呈现高速扩张态势、市场竞争力持续提高、未来发展预期良好的业务。

❷ 指状态相对稳定、市场结构相对固化、短期盈余资产充足。

度,通过"不忘初心、牢记使命"主题教育、党史学习教育等,激发混合所有制企业职业经理人的使命感和责任感。通过案例教学、现场教学、情景教学等方式触动职业经理人的内心世界,激活职业经理人履职尽责意愿,最大程度地发挥中长期激励机制作用。二要注重企业文化激励。中长期激励机制需与混合所有制企业文化相容。文化环境对于职业经理人心理和工作有着重要影响,通过营造积极上进、温馨和谐的企业文化,既可以激发职业经理人工作热情,实现企业发展目标,又能增加职业经理人归属感,进而提升忠诚度、责任感和创造力。三要加强精神激励。职业经理人需要兴趣、信心、声誉、成就感、价值感等精神激励。其中,声誉既是企业经营管理人员长期成功经营企业的结果,又是其拥有卓越管理能力的证明[1][2]。良好的声誉对混合所有制企业职业经理人行为具有很强的激励和约束作用。建议通过授予荣誉称号、树立典型、加强宣传等方式,激发优秀职业经理人的担当作为精神。

4. 打造灵活高效的工资总额管理机制

第一,保障"专精特新"等重点业务领域混合所有制企业工资总额与同行业对标企业相配。"专精特新"等创新性业务是混合所有制企业塑造发展优势、实现高质量发展的重要保障。混合所有制企业制定当年工资预算的时候,往往以上年度工资总额清算额为基础,结合当年经济效益、劳动生产率、劳动力市场价位等要素,滚动计算工资总额。受发展时间、技术进步速度、市场需求度等因素限制,承载这类业务的混合所有制企业体量都较

---

[1] 杨淑君,王丽静,黄群慧. 建立有效的国有企业经营者激励约束机制 [J]. 中国软科学, 2000 (6): 86-89.

[2] 郝颖,黄雨秀,宁冲,等. 公司社会声望与高管薪酬:公共服务抑或职业声誉 [J]. 金融研究, 2020 (10): 189-206.

小，工资总额存量偏小，按照年度工资总额迭代方式计算出来的当期工资总额也偏小，仅仅依靠效率联动修订机制无法调整到与行业对标企业相匹配的水平，从而影响重点业务公司的发展速度。建议参照同行业对标企业的业绩和薪酬水平，分批适度向"专精特新"公司调增工资总额，保持此类公司的市场竞争力。

第二，优化职业经理人试点混合所有制企业子公司内部薪酬结构。职业经理人试点企业呈现市场化选聘职业经理人薪酬整体低于同行业人才市场工资，但是可替代性较强的辅助低端岗位员工收入整体又高于同行业水平，降低了工资总额的使用效率。国务院国资委原党委书记、主任郝鹏曾指出，"不断健全市场化经营机制，充分激发企业活力""健全业绩决定薪酬分配的机制，推动收入能增能减，推动薪酬分配向作出突出贡献的人才倾斜""充分激发骨干员工干事创业的积极性主动性创造性"[1]。因此，对处于同行业竞争激烈领域的混合所有制企业，在工资总额合理的前提下，可尝试通过"结构性"调整薪酬方式，向市场化选聘职业经理人倾斜，体现差异化薪酬管理理念。

第三，充分用好工资总额单列制度。为深化国有企业改革，不断增强国有企业发展活力和核心竞争力，各级国资国企监管部门都出台了探索"工资总额单列"机制的文件。例如，《中央企业工资总额管理办法》规定"探索超额利润提成，可在工资总额中单列管理；对战略新兴产业企业，对特殊高端人才，可实行市场化薪酬和专项奖励，工资总额单列，不纳入集团工资总额"；《"科改示范行动"专项行动方案》明确了"在强化市场激励约束机制方面，科技型企业工资总额可以实行单列管理，且不列入集团公司工资总额预算基数、不与集团公司经济效益指标挂钩"。试点职业经理人制度的混合所有制子企业应深入研究、积极探索

---

[1] 郝鹏. 深入实施国企改革三年行动 推动国资国企高质量发展 [J]. 国有资产管理，2021（3）：4–10.

使用中央和地方各层面的工资总额单列政策，提升对职业经理人的吸引力，为企业发展增添活力。同时，要坚守"工资总额的增值幅度不能超过经济效益增长幅度"这条底线。

5. 完善中长期激励机制配套制度

一方面，建立与市场接轨的业绩考评机制。以经营业绩为主要评价内容，实行经营业绩与聘任直接挂钩、与市场化薪酬直接挂钩的考评机制。在考评指标选取方面，可运用平衡计分卡方法，从财务、客户、内部运营、学习与成长四个角度分解战略目标，建立混合所有制企业职业经理人的关键业绩指标体系。在考核方式方面，可将任期考核与年度考核相衔接，采用定量考核与定性考核相结合的综合考评方式。在考核结果应用方面，经营业绩考核结果要与职业经理人薪酬分配和职务聘任挂钩，实现收入能增能减，人员能进能出。另一方面，加强监督管理，防止国有资产流失。为防止混合所有制企业职业经理人为获取中长期激励薪酬，做出与企业利益背道而驰的行为，需要进一步加强监督管理。一是加强内部监督。充分发挥审计、巡视、巡察、财务、法务等部门的监督作用，建立联动监督体系，过程共进、结果共享，提升监督管理效能。此外，要充分发挥董事会监督职责，加强对职业经理人履职行为的监督管理。二是加强外部监督。引入第三方监督机制，让社会监督和媒体监督变成常态，最大化整合监督资源，提升企业整体监督效果。三是完善股权退出机制。设定提前约定退出机制，管理好对股权激励对象的预期，设立好相应违约条款，严格抓好股权退出管理。

参考文献

[1] 胡润波,葛晶晶. 国有企业职业经理人中长期激励机制建设研究[J]. 国有资产管理,2022(6):23-27.

[2] 延欣. 国有企业推行职业经理人制度的思考[J]. 人力资源,2020(20):30-31.

[3] 张昆娟. 职业经理人制度,如何在国有企业稳步推行[J]. 人力资源,2021(10):132-133.

[4] 翁贞林,张梦玲,鄢朝辉,等. 社会网络对农民职业化意愿的影响及其机理研究[J]. 农林经济管理学报,2020,19(1):44-54.

[5] 吴广亮. 谈谈职业经理人[J]. 中国人力资源开发,2009(2):100-101.

[6] 张华磊,柴莹,陈琦. 中央企业引入职业经理人制度研究[J]. 中国人力资源开发,2016(20):16-21.

[7] 中国大连高级经理学院中央企业中青班第4期课题组. 国有企业骨干人才中长期激励方法研究[J]. 现代国企研究,2016,(12):16-35.

[8] 上海建工集团第七届董事会第八次会议决议公告,2017.

[9] 上海建工集团第2017年、2018年、2019年年报.

[10] 上海建工第七届董事会第八次会议决议公告,2017.

[11] Ashforth B. E., Mael F.. Social Identity Theory and the Organization [J]. Academy of Management Review, 1989(14):20-39.

[12] Hinkin T. R.. A Brief Tutorial on The Development of Measures for Use in Survey Questionnaires [J]. Organizational Research Methods, 1998(1):104-121.

[13] Chen XP, Xie X, Chang S.. Cooperative and Competitive Orientation among Chinese People：Scale Development and Validation [J]. Management & Organization Review，2011，(7) 2：353 – 379.

[14] 刘晓军. 中央企业职业经理人制度建设年度报告 [M]. 北京：中国经济出版社，2017.

[15] 李俊梅. 职业经理人制度如何在国企平稳落地 [J]. 人力资源，2020 (10)：37 – 39.

[16] 周晓蕊. 浅析河北省省属国企推行职业经理人制度建设遇到的问题及解决建议 [J]. 河北企业，2020 (3)：98 – 99.

[17] 蓝志威，朱严文. 深化国有企业改革，职业经理人制度实践研究 [J]. 人力资源，2020 (4)：130 – 131.

[18] 刘新明. 职业经理人市场化选聘标准化建设研究 [J]. 标准科学，2020 (9)：44 – 48.

[19] 吕妍. 关于推行国有企业职业经理人制度的思考 [J]. 企业改革与管理，2020 (7)：24 – 25.

[20] 李佃鑫. "三项制度"改革为国企发展注入新动力 [J]. 人民论坛. 2020 (17)：88 – 89.

[21] 上海市国资委详解上海国企三年行动方案 [EB/OL]. https：// xw. qq. com/ omn/20210111/20210111A04D8700，2021.

[22] 隽欣然. 国有企业职业经理人制度研究 [J]. 现代商业，2020 (3)：99 – 100.

[23] 李广众，朱佳青，李杰，等. 经理人相对绩效评价与企业并购行为：理论与实证 [J]. 经济研究，2020，55 (3)：65 – 82.

[24] 李鹿. 国有企业市场化改革路径浅析 [J]. 交通企业管理，2020，35 (3)：4 – 6.

[25] 李锡元，徐闯. 国企实施职业经理人制度的本质、核心和路径 [J]. 江汉论坛，2015 (2)：11 – 15.

[26] 楼秋然. 党组织嵌入国有企业公司治理：基础理论与实施机制研究 [J]. 华中科技大学学报（社会科学版），2020，34 (1)：8 – 16.

[27] 马力，黄梦莹，马美双. 契约显性激励与声誉隐性激励的比较研究——以建筑承包商为例 [J]. 工业工程与管理，2016，21 (2)：156 – 162.

[28] 王敏. 在国企建立职业经理人制度的思考：从身份到契约［J］. 现代管理科学，2017（10）：39-41.

[29] 邢志圻，林思圻. 国企职业经理人制度"二三四模式"［J］. 企业管理，2019（11）：115-117.

[30] 刘士俭. 国有企业职业经理人制度实施路径探究［J］. 商场现代化，2019（23）：110-111.

[31] 刘新明. 国有企业职业经理人市场化选聘的误区与对策［J］. 经营与管理，2020（12）：82-85.

[32] 刘轶齐. 完善混改国企法人治理结构的探讨［J］. 财政监督，2019（22）：113-117.

[33] 刘有贵，蒋年云. 委托代理理论述评［J］. 学术界，2006（1）：69-78.

[34] 吴海燕. 国企管理层激励约束机制基本框架的制订与实施［J］. 企业改革与管理，2020（7）：18-19.

[35] 吕华. 浅谈职业经理人制度的挑战与建议［J］. 生产力研究，2019（4）：129-132.

[36] 李细枚，周建波. 职业经理人激励与两级供应链减排研发的战略选择［J］. 管理学报. 2022，19（7）：1071-1081.

[37] 陆子青. 国有企业职业经理人制度现状及挑战分析［J］. 企业改革与管理. 2022（10）：52-54.

[38] 蔡雨萌，刘娜，肖雨函. 国有企业高管薪酬激励设计——以A房地产国有企业职业经理人为例［J］. 中国集体经济. 2022（14）：125-143.

[39] 国企改革历程编写组. 国企改革历程1978—2018（上、下册）［M］. 北京：中国经济出版社，2019.

[40] 王高阳，李建标. 混合所有制改革的政策实践与理论演进［J］. 中国特色社会主义研究. 2019（3）：35-41.

[41] 黄速建，刘美玉，张启望. 竞争性国有企业混合所有制改革模式选择及影响因素［J］. 山东大学学报（哲学社会科学版），2020（3）：94-109.

[42] 齐平，池美子. 混合所有制经济的理论探析、演化机理与模式创新［J］. 求是学刊，2019（1）：62-72.

[43] 朱磊，陈曦，王春燕. 国有企业混合所有制改革对企业创新的影响

[J]．经济管理，2019（11）：72－91．

[44] 蔡贵龙，柳建华，马新啸．非国有股东治理与国企高管薪酬激励[J]．管理世界，2018（5）：137－149．

[45] 曾诗韵，蔡贵龙，程敏英．非国有股东能改善会计信息质量吗？——来自竞争性国有上市公司的经验证据[J]．会计与经济研究，2017（4）：28－44．

[46] 陈仕华，卢昌崇．国有企业高管跨体制联结与混合所有制改革——基于"国有企业向私营企业转让股权"的经验证据[J]．管理世界，2017（5）：107－118．

[47] 蔡贵龙，郑国坚，马新啸，等．国有企业的政府放权意愿与混合所有制改革[J]．经济研究，2018（9）：99－115．

[48] 王中超，周绍妮，王言．产业政策会影响国有企业混合所有制改革吗？[J]．财经研究，2020（8）：110－124．

[49] 高明华．国有企业混合所有制改革亟须解决的重点问题[J]．中国党政干部论坛，2020（11）：50－53．

[50] 叶玲，王亚星．混合所有制改革下公司治理结构的动态调整路径研究[J]．当代财经，2018（8）：69－76．

[51] 姬旭辉．党的领导融入公司治理的有效方式——以国有控股混合所有制企业为例[J]．中国领导科学，2022（1）：102－107．

附件1　混合所有制改革涉及的法律法规制度目录

1. 法律、法规

（1）中华人民共和国公司法

（2）中华人民共和国证券法

（3）中华人民共和国企业国有资产法

（4）中华人民共和国资产评估法

（5）国有资产评估管理办法（国务院令第91号）

2. 国务院文件

（1）国务院关于促进企业兼并重组的意见（国发〔2010〕27号）

（2）国务院关于进一步优化企业兼并重组市场环境的意见（国发〔2014〕14号）

（3）国务院关于国有企业发展混合所有制经济的意见（国发〔2015〕54号）

（4）国务院关于全民所有自然资源资产有偿使用制度改革的指导意见（国发〔2016〕82号）

（5）国务院办公厅转发国务院国有资产监督管理委员会关于规范国有企业改制工作意见的通知（国办发〔2003〕96号）

（6）国务院办公厅转发国资委关于进一步规范国有企业改制工作实施意见的通知（国办发〔2005〕60号）

（7）国务院办公厅转发证监会等部门关于依法打击和防控资本市场内幕交易意见的通知（国办发〔2010〕55号）

（8）国务院办公厅关于加强和改进企业国有资产监督防止国有资产流失的意见（国办发〔2015〕79号）

（9）国务院办公厅关于印发中央企业公司制改制工作实施方案的通知（国办发〔2017〕69号）

3. 部门规章、规范性文件

（1）国有企业清产核资办法（国资委令第1号）

（2）企业国有资产评估管理暂行办法（国资委令第12号）

（3）中央企业境外国有产权管理暂行办法（国资委令第27号）

（4）企业国有资产交易监督管理办法（国资委 财政部令第32号）

（5）中央企业投资监督管理办法（国资委令第34号）

（6）中央企业境外投资监督管理办法（国资委令第35号）

（7）上市公司国有股权监督管理办法（国资委 财政部 证监会令第36号）

（8）中央企业违规经营投资责任追究实施办法（试行）（国资委令第37号）

（9）关于印发《国土资源部关于加强土地资产管理促进国有企业改革和发展的若干意见》的通知（国土资发〔1999〕433号）

（10）关于印发《国有企业清产核资经济鉴证工作规则》的通知（国资评价〔2003〕78号）

（11）关于印发《国有控股上市公司（境外）实施股权激励试行办法》的通知（国资发分配〔2006〕8号）

（12）关于印发《国有控股上市公司（境内）实施股权激励试行办法》的通知（国资发分配〔2006〕175号）

（13）关于加强企业国有资产评估管理工作有关问题的通知（国资发产权〔2006〕274号）

（14）关于规范国有控股上市公司实施股权激励制度有关问题

的通知（国资发分配〔2008〕171号）

（15）关于印发《企业国有产权交易操作规则》的通知（国资发产权〔2009〕120号）

（16）关于企业国有资产评估报告审核工作有关事项的通知（国资产权〔2009〕941号）

（17）关于印发《中央企业商业秘密保护暂行规定》的通知（国资发〔2010〕41号）

（18）关于印发《中央企业资产评估项目核准工作指引》的通知（国资发产权〔2010〕71号）

（19）关于建立国有企业改革重大事项社会稳定风险评估机制的指导意见（国资发〔2010〕157号）

（20）关于规范中央企业选聘评估机构工作的指导意见（国资发产权〔2011〕68号）

（21）关于中央企业国有产权置换有关事项的通知（国资发产权〔2011〕121号）

（22）关于加强上市公司国有股东内幕信息管理有关问题的通知（国资发产权〔2011〕158号）

（23）关于印发《企业国有资产评估项目备案工作指引》的通知（国资发产权〔2013〕64号）

（24）关于促进企业国有产权流转有关事项的通知（国资发产权〔2014〕95号）

（25）关于印发《国有科技型企业股权和分红激励暂行办法》的通知（财资〔2016〕4号）

（26）关于进一步深化中央企业劳动用工和收入分配制度改革的指导意见（国资发分配〔2016〕102号）

（27）关于印发《关于国有控股混合所有制企业开展员工持股试点的意见》的通知（国资发改革〔2016〕133号）

（28）关于做好中央科技型企业股权和分红激励工作的通知（国资发分配〔2016〕274号）

（29）关于印发《中央企业实施混合所有制改革有关事项的规定》的通知（国资发产权〔2016〕295号）

（30）关于印发《中央科技型企业实施分红激励工作指引》的通知（国资厅发考分〔2017〕47号）

（31）关于深化混合所有制改革试点若干政策的意见（发改经体〔2017〕2057号）

（32）关于扩大国有科技型企业股权和分红激励暂行办法实施范围等有关事项的通知（财资〔2018〕54号）

（33）国家发展改革委办公厅关于印发《国有企业混合所有制改革相关税收政策文件汇编》的通知（发改办经体〔2018〕947号）

（34）关于印发《关于深化中央企业国有资本投资公司改革试点工作意见》的通知（国资发资本〔2019〕28号）

（35）关于印发《关于深化中央企业国有资本运营公司改革试点工作意见》的通知（国资发资本〔2019〕45号）

附件2 关于《"双百企业"推行经理层成员任期制和契约化管理操作指引》和《"双百企业"推行职业经理人制度操作指引》有关问题的回答

为深入贯彻落实党中央、国务院关于推行国有企业经理层成员任期制和契约化管理、建立职业经理人制度的决策部署，指导"双百企业"率先推进相关工作，2020年1月22日，国务院国有企业改革领导小组办公室印发了《关于印发〈"双百企业"推行经理层成员任期制和契约化管理操作指引〉和〈"双百企业"推行职业经理人制度操作指引〉的通知》（国企改办发〔2020〕2号，以下简称两个《操作指引》）。两个《操作指引》出台以来，社会各界广泛关注，各单位高度重视，认真研究，积极推进相关工作，也反映了一些具体操作中的问题。为便于各单位深入理解政策内涵，引导和鼓励企业更加规范有序地开展相关工作，经国务院国有企业改革领导小组办公室同意，现就两个《操作指引》执行中的一些共性问题解答如下。

1. 实行任期制和契约化管理的经理层成员与实行职业经理人制度的经理层成员，最主要的差别是什么？

答：两个《操作指引》在各具体环节都明确提出了差别化的要求。任期制和契约化管理，主要针对过去很多国有企业对经理层成员无任期、无契约、有契约但不具体、契约执行不严格等一系列突出问题,提出了更加符合市场化改革方向的规范性要求。通过明确任职期限、到期重聘、签订并严格履行聘任协议和业绩合同等契约、刚性考核和兑现等要求,强化经理层成员的责任、权利和义务对等。特别是突出强调考核结果不仅影响收入的"能增能减",更要影响职务(岗位)的"能上能下",确保发挥契约化管理的重要作用。

职业经理人制度,在任期制和契约化管理的基础上,更加突出落实董事会选人用人权,更加强调市场化的选聘和退出,明确提出"双百企业"董事会依法选聘和管理职业经理人,党组织在确定标准、规范程序、参与考察、推荐人选等方面把好关。明确提出"双百企业"职业经理人市场化选聘的标准、来源和程序;明确提出在职业经理人解除(终止)聘任关系的同时,依法解除(终止)劳动关系。此外,在职业经理人薪酬方面强调"业绩与薪酬双对标"原则,由董事会与职业经理人根据一系列相关因素协商确定。

2. 如"双百企业"是地方国资委监管的一级企业,是否可以参考两个《操作指引》在本级的经理层成员中,推行任期制和契约化管理,或者推行职业经理人制度?

答: 对于这类"双百企业",由地方国资委或有关部门按照企业经理层成员管理权限和企业领导人员管理有关规定,结合企业发展战略、市场化程度等实际情况,综合研判后自行决定是否参考两个《操作指引》推行相关工作,对指引中的具体规定可以根据实际进行适当调整。

3. "双百企业"的董事长、董事(专职或兼职)、党组织书记(专职或兼职)、副书记(专职或兼职)、纪委书记等岗位能否实行任期制和契约化管理?能否实行职业经理人制度?

答: 两个《操作指引》针对的对象范围是"双百企业"的经理层成员。对于非经理层成员的董事会成员、党组织领导班子成员等,由"双百企业"的控股股东及其党组织根据相关人员管理权限和企业领导人员管理有关规定,结合"双百企业"实际情况,综合研判后自行决定是否参考两个《操作指引》推行相关工作。

4. 在同一企业的经理层成员中，能否只对个别成员实行任期制和契约化管理？或者实行职业经理人制度？

答： 原则上应当在本企业的经理层成员中，全面推行任期制和契约化管理，或者全面推行职业经理人制度。

5. 未建立董事会的"双百企业"，能否实行经理层成员任期制和契约化管理？能否实行职业经理人制度？

答： 未建立董事会的"双百企业"不得实行职业经理人制度，实行职业经理人制度的"双百企业"必须满足《操作指引》中明确的企业条件。

但未建立董事会的"双百企业"可以实行经理层成员任期制和契约化管理，可以由其控股股东及其党组织负责组织制定相关工作方案，商其他主要股东后，由控股股东与"双百企业"经理层成员签订契约。

6. 在推行经理层成员任期制和契约化管理时，应当做好哪些基础工作？

答： "双百企业"董事会或者"双百企业"的控股股东及其党组织要从严掌握、合理确定并明确"双百企业"经理层成员职数，明确并细化岗位职责及分工，按照"一岗一责"原则建立岗位说明书。岗位说明书要对岗位信息、岗位目标、岗位职责、工作关系、工作条件、任职资格等内容进行清晰界定。经理层成员分工原则上任期内保持相对稳定。要厘清并明确党组织、董事会、监事会和经理层等不同治理主体的权责边界，建立董事会和经理层之间、总经理和其他经理层成员之间的权责清单，清晰划分权责界面。

7. 岗位聘任协议和经营业绩责任书有什么区别？

答： 岗位聘任协议主要明确经理层成员任期、行为规范及双方的责任、权利和义务，约定奖惩依据、离职或解聘条件、责任追究等条款；经营业绩责任书根据岗位职责和工作分工，主要明确经理层成员的考核内容及指标。

各企业可根据自身情况，将岗位聘任协议和经营业绩责任书分开签订或合并签订。

8. 采取任期制和契约化管理的经理层成员，考核模式有哪些特点？

答：考核周期上，对于采取任期制和契约化管理的经理层成员，实行年度考核、任期考核"两期考核"，坚持质量第一、效益优先原则，明确不同周期的考核定位和要求，突出高质量发展考核。任期（一般为三年）经营业绩考核重点关注价值创造、中长期发展战略、风险控制类内容，年度考核应有效分解和承接任期经营业绩目标。

考核内容上，根据岗位职责及工作分工，按照定量与定性相结合、以定量为主的导向，实行"一人一岗、一岗一表"的个性化考核。

9. 对于采取任期制和契约化管理的经理层成员，是否只开展经营业绩考核？

答：对于采取任期制和契约化管理的经理层成员，应实行以定量为主的经营业绩考核，建立经营业绩考核与薪酬兑现、退出的机制和措施。

对于兼任董事会、党组织职务的经理层成员，还应基于岗位职责，开展董事履职、党建工作的相关考核。

除了经营业绩考核以外，可以增加综合考核评价。综合考核评价一般关注经理层成员政治素质、职业素养、业务能力、廉洁从业评价等方面。

10. 契约签订的主体有哪些？

答：对于已建立董事会的企业，一般由董事会授权董事长与总经理签订《年度经营业绩责任书》和《任期经营业绩责任书》，总经理与其他经理层成员签订《年度经营业绩责任书》和《任期经营业绩责任书》。

对于未建立董事会或董事会不健全，可由控股股东代表与总经理签订《年度经营业绩责任书》和《任期经营业绩责任书》。总经理与其他经理层成员签订《年度经营业绩责任书》和《任期经营业绩责任书》。

11. 如何科学合理地设置考核指标目标值？是否必须采取外部对标？

答：职业经理人的考核指标目标值设定应当具有较强的挑战性，力争跑赢市场、优于同行。考核指标目标值应当结合本企业历史业绩、同行业可比企业业绩情况等综合确定。经理层成员任期制和契约化管理的目标值应科学合理、有一定挑战性，一般根据企业发展战略、经营预算、历史数据、行业对标情况等设置。

12. 对于采取任期制和契约化管理的领导人员，薪酬水平能否采取外部对标实现薪酬水平市场化？

答：推行任期制和契约化管理，不得变相涨薪、借机涨薪，可以结合企业经营业绩情况、市场水平及内部分配政策等因素，坚持业绩导向，按照增量业绩贡献决定薪酬分配原则，逐步实现市场化薪酬水平，重点形成强激励、硬约束机制，进一步强化业绩升、薪酬升，业绩降、薪酬降。

13. 公司已有的津补贴、年金、补充公积金等，经理层成员是否享受？

答：经理层成员按约定的薪酬方案取酬，可以执行公司已有的津补贴、年金、补充公积金等政策。

14. 经理层成员薪酬的追索扣回机制如何建立？

答：企业应制定薪酬追索扣回规定，在规定期限内发现经理层成员给企业造成重大经济损失或重大不良影响的，企业应将其相应期限内兑现的绩效年薪、任期激励部分或全部追回，并止付所有未支付部分。薪酬追索扣回规定同样适用于离职的经理层成员。

15. 经理层成员的薪酬是否能够单独列支？

答：原则上不鼓励将经理层成员的薪酬单列。但考虑到不同企业的实际情况，中央企业内部和各地可以根据实际情况自行灵活安排。

16. 实行任期制和契约化管理的经理层成员，任期内被中止任期后，能否重新聘任？

答：对于不胜任或认定不适宜继续任职的，应当中止任期、免去现职，解除聘任协议，在本届任期内不得再参与该岗位的聘任。符合其他岗位任职条件的，可以按照企业领导人员有关规定聘任。

17. 实行任期制和契约化管理的经理层成员，任期结束后能否直接续聘？

答：要明确任期退出条件，在任期结束后符合续聘条件的可以按程序续聘。

18. 推行任期制和契约化管理的经理层成员，退出方式有哪些？

答：严格执行到龄免职（退休）制度。加强任期内考核和管理，经考核认定不适宜继续任职的，应当中止任期、免去现职。任期届满，不符合续聘条件的，应当退出现岗位。

19. 实行任期制和契约化管理后，"双百企业"经理层成员是否还可以参与干部交流、挂职？

答：实行任期制和契约化管理后，确因工作需要，可以参与干部交流、挂职，具体按有关规定执行。原则上任期内应当保持相关人员岗位稳定。

20. 若财务负责人岗位由职业经理人担任，是否需要参照有关规定进行轮岗交流？

答：由职业经理人担任的财务负责人，是否定期轮岗交流，按照本岗位的管理规定执行。

21. 职业经理人正职、副职是否可以同时选聘？

答：可以同时选聘。同时选聘时，在顺序上应先选聘总经理，支持总经理履行对副总经理的提名权。

22. 职业经理人退出是否需要开展离任审计？

答：职业经理人任职期间按照企业领导人员管理，离任时应当进行离任审计。

23. 对职业经理人的任职资格条件、考察或者背景调查，在实际工作中如何把握?

答: 要参考指引中提出的选聘标准和程序等要求,在政治素质、专业能力、工作业绩、职业操守和廉洁从业等方面明确人选的任职资格条件。对产生的人选必须进行考察或者背景调查。考察或者背景调查应当由"双百企业"党组织会同董事会组织,"双百企业"的控股股东及其党组织在参与考察或者背景调查工作中要发挥把关作用。

附件3　国有企业职业经理人制度相关法律法规

国有企业推进职业经理人制度改革必须依法实施，主要涉及《中华人民共和国企业国有资产法》《中华人民共和国公司法》《中华人民共和国劳动合同法》三部法律，相关章节整理如下。

1. 《中华人民共和国企业国有资产法》（节选）

第十九条　国有独资公司、国有资本控股公司和国有资本参股公司依照《中华人民共和国公司法》的规定设立监事会。国有独资企业由履行出资人职责的机构按照国务院的规定委派监事组成监事会。

国家出资企业的监事会依照法律、行政法规以及企业章程的规定，对董事、高级管理人员执行职务的行为进行监督，对企业财务进行监督检查。

第二十二条　履行出资人职责的机构依照法律、行政法规以及企业章程的规定，任免或者建议任免国家出资企业的下列人员：

（一）任免国有独资企业的经理、副经理、财务负责人和其他高级管理人员；

（二）任免国有独资公司的董事长、副董事长、董事、监事会主席和监事；

（三）向国有资本控股公司、国有资本参股公司的股东会、股东大会提出董事、监事人选。

国家出资企业中应当由职工代表出任的董事、监事，依照有关法律、行政法规的规定由职工民主选举产生。

第二十三条 履行出资人职责的机构任命或者建议任命的董事、监事、高级管理人员，应当具备下列条件：

（一）有良好的品行；

（二）有符合职位要求的专业知识和工作能力；

（三）有能够正常履行职责的身体条件；

（四）法律、行政法规规定的其他条件。

董事、监事、高级管理人员在任职期间出现不符合前款规定情形或者出现《中华人民共和国公司法》规定的不得担任公司董事、监事、高级管理人员情形的，履行出资人职责的机构应当依法予以免职或者提出免职建议。

第二十四条 履行出资人职责的机构对拟任命或者建议任命的董事、监事、高级管理人员的人选，应当按照规定的条件和程序进行考察。考察合格的，按照规定的权限和程序任命或者建议任命。

第二十五条 未经履行出资人职责的机构同意，国有独资企业、国有独资公司的董事、高级管理人员不得在其他企业兼职。未经股东会、股东大会同意，国有资本控股公司、国有资本参股公司的董事、高级管理人员不得在经营同类业务的其他企业兼职。未经履行出资人职责的机构同意，国有独资公司的董事长不得兼任经理。未经股东会、股东大会同意，国有资本控股公司的董事长不得兼任经理。董事、高级管理人员不得兼任监事。

第二十六条 国家出资企业的董事、监事、高级管理人员，应当遵守法律、行政法规以及企业章程，对企业负有忠实义务和勤勉义务，不得利用职权收受贿赂或者取得其他非法收入和不当利益，不得侵占、挪用企业资产，不得超越职权或者违反程序决定企业重大事项，不得有其他侵害国有资产出资人权益的行为。

第四十三条 国家出资企业的关联方不得利用与国家出资企业之间的交易，谋取不当利益，损害国家出资企业利益。本法所称关联方,是指本企业的董事、监事、高级管理人员及其近亲属,以及这些人员所有或者实际控制的企业。

第四十五条 未经履行出资人职责的机构同意,国有独资企业、国有独资公司不得有下列行为:

(一)与关联方订立财产转让、借款的协议;

(二)为关联方提供担保;

(三)与关联方共同出资设立企业,或者向董事、监事、高级管理人员或者其近亲属所有或者实际控制的企业投资。

第四十九条 国有独资企业、国有独资公司、国有资本控股公司及其董事、监事、高级管理人员应当向资产评估机构如实提供有关情况和资料,不得与资产评估机构串通评估作价。

第五十六条 法律、行政法规或者国务院国有资产监督管理机构规定可以向本企业的董事、监事、高级管理人员或者其近亲属,或者这些人员所有或者实际控制的企业转让的国有资产,在转让时,上述人员或者企业参与受让的,应当与其他受让参与者平等竞买;转让方应当按照国家有关规定,如实披露有关信息;相关的董事、监事和高级管理人员不得参与转让方案的制定和组织实施的各项工作。

第七十一条 国家出资企业的董事、监事、高级管理人员有下列行为之一,造成国有资产损失的,依法承担赔偿责任;属于国家工作人员的,并依法给予处分:

(一)利用职权收受贿赂或者取得其他非法收入和不当利益的;

(二)侵占、挪用企业资产的;

(三)在企业改制、财产转让等过程中,违反法律、行政法规和公平交易规则,将企业财产低价转让、低价折股的;

(四)违反本法规定与本企业进行交易的;

(五)不如实向资产评估机构、会计师事务所提供有关情况和资料,或者与资产评估机构、会计师事务所串通出具虚假资产评估报告、审计报告的;

（六）违反法律、行政法规和企业章程规定的决策程序，决定企业重大事项的；

（七）有其他违反法律、行政法规和企业章程执行职务行为的。

国家出资企业的董事、监事、高级管理人员因前款所列行为取得的收入，依法予以追缴或者归国家出资企业所有。

履行出资人职责的机构任命或者建议任命的董事、监事、高级管理人员有本条第一款所列行为之一，造成国有资产重大损失的，由履行出资人职责的机构依法予以免职或者提出免职建议。

第七十三条 国有独资企业、国有独资公司、国有资本控股公司的董事、监事、高级管理人员违反本法规定，造成国有资产重大损失，被免职的，自免职之日起五年内不得担任国有独资企业、国有独资公司、国有资本控股公司的董事、监事、高级管理人员；造成国有资产特别重大损失，或者因贪污、贿赂、侵占财产、挪用财产或者破坏社会主义市场经济秩序被判处刑罚的，终身不得担任国有独资企业、国有独资公司、国有资本控股公司的董事、监事、高级管理人员。

2.《中华人民共和国公司法》（节选）

第四十九条 有限责任公司可以设经理，由董事会决定聘任或者解聘。经理对董事会负责，行使下列职权：

（一）主持公司的生产经营管理工作，组织实施董事会决议；

（二）组织实施公司年度经营计划和投资方案；

（三）拟订公司内部管理机构设置方案；

（四）拟订公司的基本管理制度；

（五）制定公司的具体规章；

（六）提请聘任或者解聘公司副经理、财务负责人；

（七）决定聘任或者解聘除应由董事会决定聘任或者解聘以外的负责管理人员；

（八）董事会授予的其他职权。

公司章程对经理职权另有规定的，从其规定。

经理列席董事会会议。

第一百一十三条 股份有限公司设经理，由董事会决定聘任或者解聘。

本法第四十九条关于有限责任公司经理职权的规定，适用于股份有限公司经理。

第一百四十六条 有下列情形之一的，不得担任公司的董事、监事、高级管理人员：

（一）无民事行为能力或者限制民事行为能力；

（二）因贪污、贿赂、侵占财产、挪用财产或者破坏社会主义市场经济秩序，被判处刑罚，执行期满未逾五年，或者因犯罪被剥夺政治权利，执行期满未逾五年；

（三）担任破产清算的公司、企业的董事或者厂长、经理，对该公司、企业的破产负有个人责任的，自该公司、企业破产清算完结之日起未逾三年；

（四）担任因违法被吊销营业执照、责令关闭的公司、企业的法定代表人，并负有个人责任的，自该公司、企业被吊销营业执照之日起未逾三年；

（五）个人所负数额较大的债务到期未清偿。

公司违反前款规定选举、委派董事、监事或者聘任高级管理人员的，该选举、委派或者聘任无效。

董事、监事、高级管理人员在任职期间出现本条第一款所列情形的，公司应当解除其职务。

第一百四十七条 董事、监事、高级管理人员应当遵守法律、行政法规和公司章程，对公司负有忠实义务和勤勉义务。

董事、监事、高级管理人员不得利用职权收受贿赂或者其他非法收入，不得侵占公司的财产。

3.《中华人民共和国劳动合同法》（节选）

第二十三条 用人单位与劳动者可以在劳动合同中约定保守用

人单位的商业秘密和与知识产权相关的保密事项。

对负有保密义务的劳动者,用人单位可以在劳动合同或者保密协议中与劳动者约定竞业限制条款,并约定在解除或者终止劳动合同后,在竞业限制期限内按月给予劳动者经济补偿。劳动者违反竞业限制约定的,应当按照约定向用人单位支付违约金。

第二十四条 竞业限制的人员限于用人单位的高级管理人员、高级技术人员和其他负有保密义务的人员。竞业限制的范围、地域、期限由用人单位与劳动者约定,竞业限制的约定不得违反法律、法规的规定。

在解除或者终止劳动合同后,前款规定的人员到与本单位生产或者经营同类产品、从事同类业务的有竞争关系的其他用人单位,或者自己开业生产或者经营同类产品、从事同类业务的竞业限制期限,不得超过二年。

附件4　混合所有制企业推行职业经理人制度情况调研问卷

填写说明：为了解混合所有制企业推行职业经理人制度的进展情况，项目组特开发此问卷。问卷采用匿名方式，您所提供的信息仅供研究，不另作他用。

选择题请在"□"内打"√"，不用填答您不了解情况的题目，无特殊说明均为多选题。感谢您的支持！

第一部分　基本情况

（1）贵公司名称_____

（2）贵公司所属企业类别？（单选）

□ 商业一类企业（主业处于充分竞争行业和领域的商业类企业）

□ 商业二类企业（主业关乎国家安全、国民经济命脉或处于自然垄断行业）

□ 公益类企业（以社会效益为导向，以保障民生、提供公共产品和服务为主要目标）

（3）您认为贵公司内部整体市场化经营理念和文化建设情况如何？（单选）

□ 好　　□ 较好　　□ 一般　　□ 较差　　□ 差

（4）贵公司推行职业经理人制度工作现在处于哪个阶段？（单选）

□ 尚未起步　□ 调查研究　□ 试点阶段　□ 全面推广

（5）贵公司如尚未推行职业经理人制度，您认为主要原因是？
_____

（6）贵公司如处于调查研究职业经理人制度阶段，您认为后续推行职业经理人制度可能面临哪些困难？
_____
_____

（7）贵公司在企业哪个层级推行职业经理人制度？
□ 企业集团总部　　　□ 企业二级单位
□ 企业三级单位　　　□ 企业三级以下单位

（8）贵公司推行职业经理人制度的岗位包括？
□ 集团总经理　　　□ 集团副总经理
□ 集团其他高管　　□ 二级公司董事长
□ 二级公司经理层　□ 二级公司其他高管
□ 三级公司董事长　□ 三级公司经理层
□ 三级公司其他高管　□ 其他_____

（9）贵公司推行职业经理人制度的总体效果如何？（单选）
□ 好　　□ 较好　　□ 一般　　□ 较差　　□ 差

（10）贵公司试点职业经理人制度的子公司名称（简称试点单位）：
_____
_____

第二部分　职业经理人制度整体推行情况

（11）贵公司试点单位对职业经理人的市场化选聘、契约化管理、差异化薪酬、市场化退出、监督管理是否已制定相应制度？
□ 有规范制度，并已顺利推行　　□ 有规范制度，尚未推行
□ 暂无规范制度　　　　　　　　□ 其他_____

（12）您认为以下哪些因素会影响混合所有制企业推行职业经理人制度？
□ 有试点的想法或动力，但由于企业的市场主体地位不到位以

及干部管理权限所限，导致职业经理人制度无法推行
　　□ 对职业经理人制度认识不清楚，持观望态度
　　□ 认为职业经理人市场化薪酬难以实现，无法推行
　　□ 企业开展市场化选聘职业经理人时很难找到合适人选
　　□ 缺乏权威外部市场或评价机构
　　□ 职业经理人难以融入企业文化
　　□ 其他_____
（13）贵公司试点单位的法人治理结构建设情况如何？（单选）
　　□ 好　　　□ 较好　　　□ 一般　　　□ 较差　　　□ 差
（14）贵公司试点单位的法人治理结构还有哪些不足？
_____

_____
（15）贵公司试点单位董事会建设还存在哪些不足？
　　□ 坚持党管干部原则与董事会依法选择经营管理者尚未有机融合
　　□ 股东大会、党委会、董事会、监事会、经理层等之间的权责仍不清晰
　　□ 尚未落实董事会重大事项决策权
　　□ 部分落实董事会重大事项决策权
　　□ 尚未落实董事会对经理层的选聘权
　　□ 部分落实董事会对经理层的选聘权
　　□ 尚未落实董事会对经理层的薪酬管理权
　　□ 部分落实董事会对经理层的薪酬管理权
　　□ 尚未落实董事会对经理层的业绩考核权
　　□ 部分落实董事会对经理层的业绩考核权
　　□ 尚未实现董事会外部董事占多数
　　□ 其他_____
（16）您认为影响党组织充分发挥作用的阻碍因素有哪些？
　　□ 权责不明确，与董事会之间存在职权交叉
　　□ 缺乏相关政策或操作流程指引
　　□ 缺乏灵活高效的管理方法

□ 缺乏容错机制
□ 其他_____

第三部分　职业经理人制度主要环节推行情况

（17）总体来看，您认为贵公司试点单位职业经理人制度建设的五个环节中哪些环节最需要完善（哪些环节的问题最突出）？
□ 市场化选聘　□ 契约化管理　□ 差异化薪酬
□ 市场化退出　□ 监督管理

第一节　市场化选聘环节

（18）您认为试点单位市场化选聘职业经理人过程中存在的主要问题有哪些？
□ 用人需求不明确　　□ 背景调查不精细
□ 忽视价值观考察　　□ 缺乏能力素质评价标准
□ 选聘流程不规范，存在关键环节缺失现象
□ 其他_____

（19）贵公司试点单位选聘职业经理人的渠道是？
□ 从外部市场选聘　□ 企业内部经营管理人员转换身份
□ 外部市场选聘和企业内部转换身份相结合
□ 其他_____

（20）在贵公司试点单位选聘的职业经理人中，由企业内部经营管理者转化的职业经理人占比为？（单选）
□ 40%　□ 50%　□ 70%　□ 80%　□ 90%
□ 其他_____

（21）贵公司试点单位原有高管转身为职业经理人的选聘程序是？（单选）
□ 组织（民主）推荐考察产生　□ 竞聘上岗产生
□ 以组织（民主）推荐考察为主，辅以竞聘上岗
□ 以竞聘上岗为主，辅以组织（民主）推荐考察
□ 其他_____

(22) 您认为影响混合所有制企业内部管理人员向职业经理人转化的因素主要包括哪些？

☐ 管理者的个人技能
☐ 管理者的工作使命感
☐ 管理者的自我角色认知
☐ 企业有助于职业经理人培养的职业辅导
☐ 管理者与其他部门人员的协作质量
☐ 管理者与上下级和同事之间的关系
☐ 企业有助于职业经理人培养的制度设计
☐ 企业成熟、完善的法人治理结构
☐ 职业经理人市场的成熟度
☐ 其他_____

(23) 您认为在选拔职业经理人时要看重哪些技能或特征？

☐ 专业（职业）技能的水平（高职业素质与能力水平）
☐ 自主学习与职业发展规划能力（充满自信且有清晰发展规划）
☐ 工作使命感与事业心（工作有责任心、有干劲、有使命感）
☐ 人际关系能力（得到同事们拥戴与领导支持、擅长人际沟通与协作）
☐ 职业（工作角色）认知水平（对工作、兴趣、职业追求、个人特点有认知充分）
☐ 其他_____

(24) 您认为"企业内部"哪些工作会提升管理层向职业经理人转化的意愿？

☐ 职业经理人制度建设的推广与宣传工作
☐ 完整的职业经理人人才培养与储备体系
☐ 多样化的职业经理人培养形式，如导师制、助理制、岗位轮换、项目实践等
☐ 企业领导层对内部管理者转化为职业经理人的支持
☐ 企业重视为内部人员提供包容、友好、合作的组织文化氛围
☐ 规范透明的职业经理人选拔程序

☐ 公正合理科学的职业经理人绩效考核与评价体系
☐ 股东会、董事会、党委会、监事会、经理层之间的权责界定清晰
☐ 职业经理人管理权限很宽，被充分授权
☐ 其他_____

（25）您认为哪些"社会因素"会影响内部管理者向职业经理人转化的意愿？
☐ 职业经理人市场完善程度
☐ 职业经理人市场规模
☐ 职业经理人市场信用体系建设
☐ 职业经理人资质认定体系
☐ 职业经理人外部监督与约束
☐ 职业经理人职业声誉管理
☐ 其他_____

（26）您认为混合所有制企业内部经营管理者转换为职业经理人身份会有哪些顾虑？
☐ 对转变为职业经理人认识不足，存在思想顾虑
☐ 片面理解为借机涨薪
☐ 政治待遇有变化
☐ 对职业经理人的管理有别于其他类型或岗位的管理者
☐ 认为职业经理人工作压力大
☐ 担心被解聘后失去工作
☐ 担心退休及养老政策变化
☐ 担心转身后是否能转回
☐ 担心薪酬激励方案难以严格兑现
☐ 担心契约规定权力无法落实
☐ 其他_____

（27）贵公司试点单位对市场化选聘的职业经理人背景调查的内容应有哪些方面？
☐ 专业能力   ☐ 工作业绩   ☐ 政治倾向
☐ 职业操守   ☐ 廉洁从业情况   ☐ 其他_____

（28）贵公司试点单位对选聘职业经理人进行人才定位考虑的因素有哪些方面？
　　□ 行业状况　　　　□ 自身发展水平
　　□ 所处地域　　　　□ 所需人才供应情况
　　□ 行业薪酬水平　　□ 其他_____

（29）您认为从外部市场选聘职业经理人时，应聘者会有哪些顾虑？
　　□ 担心难以融入企业文化
　　□ 担心企业原有成员消极配合工作
　　□ 担心企业对外聘职业经理人和原有成员存在差别待遇
　　□ 担心应聘后再退出会影响业界口碑
　　□ 国有企业职业经理人相关政策、制度尚不完善
　　□ 担心薪酬待遇达不到市场化水平
　　□ 担心薪酬激励方案难以严格兑现
　　□ 担心契约规定权力无法落实　　□ 其他_____

（30）您认为职业经理人市场存在哪些不足？
　　□ 缺乏职业经理人信息共享平台
　　□ 职业经理人培养周期长，人才库储备不足
　　□ 职业经理人信用评价体系未完全建立，存在"信用危机"
　　□ 中介服务机构数量不足
　　□ 缺乏职业经理人市场监督管理机构
　　□ 其他_____

第二节　契约化管理环节

（31）贵公司试点单位对职业经理人考核的内容包括？
　　□ 经营业绩指标　□ 岗位职责　□ 廉洁自律
　　□ 团队协作　　　□ 政治素养　□ 职业素养
　　□ 业务能力　　　□ 其他_____

（32）贵公司试点单位内部转换身份的职业经理人是否需要解除再重新签订劳动合同？（单选）
　　□ 需要　　□ 不需要

187

（33）贵公司试点单位职业经理人的聘任合同包括哪些要素？
□ 任期期限　　□ 岗位职责　　□ 工作办法
□ 经营目标　　□ 考核方式　　□ 薪酬和激励政策
□ 承担的责任、权力与义务　　□ 保密协议
□ 奖惩依据　　□ 解聘条件　　□ 退出机制
□ 其他_____

第三节　差异化薪酬环节

（34）贵公司试点单位职业经理人薪酬结构中包括：
□ 基本年薪　　　□ 绩效年薪　　　□ 任期激励
□ 超额业绩奖励　□ 中长期激励　　□ 其他_____

（35）贵公司试点单位推进中长期激励机制过程中存在哪些难点问题？
□ 受到最高收益和行权条件限制，中长期激励力度不足
□ 中长期激励方案审批过程复杂、环节过长
□ 企业集团对试点中长期激励机制持谨慎态度，决策效率较低
□ 企业上级主管部门对试点中长期激励机制持谨慎态度，决策效率较低
□ 其他_____

（36）贵公司试点单位在设计职业经理人的薪酬水平时考虑了哪些因素？
□ 企业所在行业　□ 企业规模　□ 职业经理人的个人能力
□ 双方共同约定的业绩目标　　□ 其他_____

（37）您认为贵公司试点单位经营业绩与行业对标企业相比处于什么梯度？（单选）
□ 50分位　□ 60分位　□ 70分位　□ 80分位
□ 90分位　□ 其他_____

（38）您认为贵公司试点单位职业经理人薪酬水平与外部人才市场相比处于什么梯度？（单选）
□ 25分位　□ 45分位　□ 55分位　□ 65分位
□ 75分位　□ 其他_____

(39) 贵公司试点单位设定的职业经理人基薪与绩效薪酬的比例为？（单选）
□ 2∶8　　□ 3∶7　　□ 4∶6　　□ 其他_____

(40) 您认为职业经理人薪酬激励重点应包括哪些方面？
□ 明确岗位职责　　□ 合理设计薪酬水平
□ 细化业绩考核　　□ 以聘用合同为基础科学设计退出机制
□ 其他_____

第四节　市场化退出环节

(41) 贵公司试点单位外部选聘和内部选聘经理人采用的退出方式是否一致？（单选）
□ 一致　　□ 不一致

(42) 贵公司试点单位外部选聘的职业经理人退出方式是？
□ 解聘并解除劳动合同
□ 免除党内职务
□ 可双向选择集团其他职业经理人岗位
□ 其他_____

(43) 贵公司试点单位内部转换身份为职业经理人的退出方式是？
□ 解聘并解除劳动合同
□ 免除党内职务
□ 可双向选择集团其他职业经理人岗位
□ 其他_____

第五节　监督管理环节

(44) 贵公司试点单位在对职业经理人监督管理过程中，以下哪些管理环节存在困难？
□ 组织人事关系管理　　□ 出国（境）管理　　□ 培养发展
□ 保密管理　　　　　　□ 履职监督　　　　　□ 责任追究
□ 其他_____

（45）贵公司试点单位是否建立了有效的职业经理人培养体系？（单选）

　　□ 有效　　□ 较为有效　　□ 一般　　□ 效果较差　　□ 差

（46）您认为贵公司试点单位对职业经理人"监督追责"管理过程中，存在哪些不足？

　　□ 董事会对职业经理人工作计划监控不足
　　□ 监事会职责未落实，监督不到位
　　□ 监事会、纪检、审计、巡视等部门未形成协同高效监督体系
　　□ 追索扣回配套管理机制不完善，职业经理人退出后追索扣回存在困难
　　□ 其他＿＿＿＿＿＿＿＿＿＿

（47）您认为贵公司试点单位职业经理人人事关系管理，存在哪些困难？

_____

_____

第四部分　您对混合所有制企业推行职业经理人制度的建议

（48）在推动职业经理人制度建设过程中，您认为除了以上问题，还存在哪些待解决的问题？

_____

_____

（49）在完善职业经理人制度建设方面，您还有哪些好的意见和建议？

_____

_____

附件5　国家标准《职业经理人考试测评》（GB/T 26998—2020）

1　范围

本标准规定了职业经理人考试测评（以下简称考评）工作的原则、对象、内容、工作人员以及流程等方面的要求。

本标准适用于从事职业经理人考评的各类机构。企业经营管理人员内部考评可参照使用。

2　规范性引用文件

下列文件对于本文件的应用是必不可少的。凡是注日期的引用文件，仅注日期的版本适用于本文件。凡是不注日期的引用文件，其最新版本（包括所有的修改单）适用于本文件。

GB/T 26999　职业经理人相关术语。

3　术语和定义

GB/T 26999 界定的以及下列术语和定义适用于本文件。

3.1　考试 examination

通过笔试和面试，考察职业经理人的知识和能力的方式。

3.2　测评 assessment

采用科学的测量工具和评价技术，对职业经理人素质进行测试和评估的过程。

3.3　结构化面试 structured interview

预先设计面试问题与答案，并按统一设计的程序和时间进行的一种面试形式。

3.4 非结构化面试 unstrured interview

围绕预先设计的面试问题,在一定时间内可随机提问,无固定程序的一种面试形式。

3.5 文件筐检测 in–basket test

通过模拟企业所发生的实际业务和管理环境,让考评对象以管理者身份,在限定条内对提供的多种文件进行现场处理的测评工具。

注:用于考察考评对象、计划、授权、组织和决策等能力。

3.6 角色扮演 role playing

让考评对象模拟企业经营活动中的某一角色,并处理与该角色有关问题的活动。

注:用于考察考评对象角色适应能力。

3.7 即席演讲 presentation

让考评对象根据现场提供的素材当众陈述自己观点的一种测评工具。

注:用于考察考评对象思维、表达和应变等能力。

3.8 管理游戏 management game

采用游戏方式让考评对象模拟企业经营管理活动中某项管理工作的一种测评工具。

注:用于考察考评对象组织、指挥、沟通和协调等能力。

3.9 人格测验 personality test

测量和评估考评对象的气质、性格、兴趣和动机等稳定的、一致的个性心理特质的一种心理测验方式。

3.10 能力测验 ability test

考察考评对象完成某项工作所具备的稳定的个性心理特征的一种心理测验方式。

3.11 案例分析 case analysis

通过考评对象对企业经营管理活动案例的分析阐述,考察其知识、经验、分析能力、判断能力和解决实际问题能力等的测评工具。

3.12 无领导小组讨论 leaderless group discussion

将一定数量的考评对象组成任务小组,并在不指定领导的情况下，针对给定的任务开展讨论的一种测评工具。

注：可以观察小组成员之间相互作用和相对差异，用于考察考评对象某些特定能力和心理特质。

4 考评原则

4.1 公平性

考评时对相同的考评对象应使用统一内容、统一工具、统一流程、统一标准。

4.2 针对性

考评内容、工具、流程和标准应与职业经理人的职业特点相匹配。

4.3 科学性

考评工具应具有较高的信度和效度。

4.4 保密性

考评工作人员应对所接触的考勤信息保密，不得泄密。

5 考评对象

5.1 适用对象

在企业从事各类经营管理工作、以职业经理为职业定位、以取得职业经理人资质为目标的人员。

5.2 报考条件

包括报考人员的学历、工作经历、从业年限等条件。不应设置歧视性条件。

5.3 考评对象分级

根据考评象的资历、学历、素质、能力和经验，分为职业经理人和高级职业经两个级别。其中高级职业经理人为职业的最高级别。

5.4 考评对象分类

根据考评对象报考的不同类别，分为运营总监、财务总监、市场总监等，以及生产经理、市场经理、行政经理等不同的职位（参见表1）。

表1　职业经理人职位分类表

分　级	分　类	资质证书
高级职业经理人	包括且不限于首席执行官、运营总监、财务总监、人力资源总监、行政总监、企划总监、生产总监、市场总监、项目总监、技术总监、营销总监、销售总监、信息总监、物流总监、采购总监等职位。	中国高级职业经理人
职业经理人	包括且不限于运营经理、财务经理、发展规划经理、人力资源经理、行政经理、生产经理、技术经理、质量经理、安全经理、设备能源经理、项目经理、营销经理、市场经理、销售经理、客户经理、品牌经理、企业文化经理、社会责任经理、国际贸易经理、物流经理、采购经理、审计经理、投资经理、基金经理、证券经理、期货经理、信息经理、法律经理、公关经理的职位。	中国职业经理人

注：一般由市场广泛认可的权威机构组织开展职业经理人考评。

6　考评内容

6.1　职业道德

职业道德应包括以下基本内容：

a）恪守诚信；

b）公正履职；

c）社会责任；

d）敬业避止。

6.2　职业素养

职业素养应包括以下基本内容：

a）合规经营；

b）协作共赢；

c）直面挑战；

d）国际视野。

6.3　职业知识

6.3.1　不同级别、不同职位的职业经理人，应不同程度地掌握但不限于以下的职业知识：

a）战略管理；

b) 市场营销;
c) 生产管理;
d) 财务金融;
e) 人力资源管理;
f) 技术管理。

6.3.2 应对不同级别、不同职位职业经理人的职业知识掌握程度提出不同要求。

6.4 职业能力

6.4.1 通用能力

6.4.1.1 所有级别,所有职位的职业经理人应具有但不限于以下的通用能力:

a) 团队领导能力;
b) 经营决策能力;
c) 风险管控能力;
d) 变革创新能力;
e) 沟通协调能力;
f) 目标执行能力。

6.4.1.2 应对不同级别职业经理人的通用能力水平提出不同要求。

6.4.2 专业能力

应根据不同级别,每个职位分别确定相应的专业能力。

7 考评工具

7.1 工具的类型

7.1.1 笔试要求

7.1.1.1 笔试应包括客观题、主观题和案例分析题。

7.1.1.2 客观题应包括是非题、选择题等;主观题应包括论述题、论文题等。

7.1.1.3 客观题的题意以及指示语音完整、明确、简练,易于理解,无歧义;名词术语、图表格式、数据规范;答案统一。

7.1.1.4 主观题应表述明确,没有歧义,提供的资料完整;论题的形式是开放的;计分规则明确。

7.1.1.5 案例分析题的选材应真实、典型，符合职业经理人的岗位和级别特点；案例中的事件具体、明确，能够完整地提供回答问题所需的信息；计分规则明确。

7.1.2 心理测验要求

7.1.2.1 职业经理人适用的心理测验应包括能力测验和人格测验。

7.1.2.2 能力测验结果应具有相应的常模解释，信度不低于0.85。

7.1.2.3 人格测验结果应具有相应的常模解释，信度不低于0.70。

7.1.2.4 心理测验应与职业经理的级别和类别相匹配。

7.1.3 面试要求

7.1.3.1 面试应根据考评对象的级别和类别选用结构化面试、非结构化面试或半结构化面试。

7.1.3.2 面试试题设计应以职业经理人的职位为依据，反映与其专业相关的内容。

7.1.3.3 面试试题应包括面试指导语、面试要素、面试问题和计分方法等。

7.1.4 评价中心技术要求

7.1.4.1 评价中心技术应模拟真实的管理情境，体现特定级别和特定职位的职业经理人工作中的关键事件。

7.1.4.2 评价中心技术应针对不同级别经理人选择使用。

7.1.4.3 无领导小组讨论是最常采用的一种评价中心技术，小组人数宜控制在5~8人。

7.1.5 脑象图人才智能测评技术要求

7.1.5.1 脑象图人才智能测评技术应测量脑区优势、思维偏好等指标。

7.1.5.2 应采用专业的脑象图测试仪，由相关技术人员按照规定流程进行操作。

7.2 工具的使用

7.2.1 职业素养宜采用心理测验和评价中心技术进行测量；职

业知识宜采用笔试进行测量；职业能力宜采用心理测验、面试和评价中心技术进行测量。

7.2.2 应根据考试对象的不同级别和类别，组合多种考评工具配合使用，从多角度全面考评。

7.2.3 笔试、面试应有一套以上同志性的备份试卷。

7.2.4 应对试卷题量做出明确要求。

7.2.5 应根据考评对象不同，明确各种考评工具的权重。

7.3 题库

7.3.1 考评机构应建立题库，并有专人维护。

7.3.2 题库试题应技术参数完备、分类严谨、结构层次清楚、检索方便、易于维护更新、保密性强。

7.3.3 题库贮备的题量应达到每个职位至少可组合出 50 套试卷。

7.3.4 应定期组织专家对题库使用效果进行分析，对试题进行更新和完善。

7.4 考评工具的信息化。

7.4.1 综合采用网络在线知识测试、心理测验、远程面试等信息化考评手段，应确保实施过程中的标准化。

7.4.2 题库管理信息化应包括试题组卷、试卷分析、检索和打印。

7.4.3 考评管理信息化应实现在线考试、问卷、成绩管理和成绩分析等功能。

8 考评工作人员

8.1 基本要求

各类考评人员应具有良好的道德素质，遵守考评职业规范、保密规定及相关纪律。

8.2 命题人员

命题人员应符合下列要求：

a）具有相关专业本科以上学历，或者具有中级以上职称；

b）掌握考评工具、方法和理论，了解国内外企业管理的现状和趋势；

c) 掌握相关考评工具的命题技巧；
d) 具有相关命题工作经验。

8.3 考官

考官应符合下列要求：

a) 具有相关专业本科以上学历，或者具有中级以上职称；
b) 了解国内外企业管理的现状以及相关考评方式的应用情况；
c) 沟通能力较强；
d) 担任相关考评考官2年以上。

8.4 考务人员

考务人员应符合下列要求：

a) 具有大专以上学历，了解相关的考评工具背景知识；
b) 沟通能力较强；
c) 相关的考务工作经验。

9 考评流程

9.1 考前培训

9.1.1 考评工作人员培训

应针对命题人员、考评考官、考务人员分别进行职责、业务和纪律等方面的培训，签订有关协议。

9.1.2 考评对象培训

9.1.2.1 考评对象可针对性地参加有关考评内容等方面的培训。

9.1.2.2 培训学时应不少于60h。

9.2 报名审查

查验报考对象是否符合其申报的级别所要求的报考条件。

9.3 考评实施

9.3.1 考评场地

9.3.1.1 考评场地应光线充足、通风良好、环境安静，温度在18～26℃。

9.3.1.2 笔试考评对象座次距离80cm以上。

9.3.2 考评组织

9.3.2.1 每名考评对象，应使用相同的操作顺序和指导语。

9.3.2.2 笔试的监考与考评对象人数配比大于或等于1∶30。

9.3.2.3 面试应保证每名考试对象至少对应2名面试官。

9.3.3 考评纪律

9.3.3.1 应根据考评工具的不同类型,确定考评对象可携带及禁止携带的文具及资料。

9.3.3.2 应对作弊行为明确惩戒规定。

9.4 评分和复核

9.4.1 应按照规定的计分方法进行评分。

9.4.2 评分结束后,应组织复核小组,对成绩核查,杜绝差错。

9.5 综合评价报告

应针对多种考评工具的考评结果,进行综合分析,形成综合评价报告。

9.6 分数登记、存档和查询。

应对考评对象的考试成绩等信息进行统一登记、存档和查询。

9.7 考评结果反馈。

9.7.1 反馈对象

应将考评结果反馈给考评实施单位和考评对象。

9.7.2 反馈内容

反馈内容可包括:

a) 职业素养报告;

b) 职业知识成绩;

c) 职业能力成绩或报告;

d) 综合评价报告。

9.7.3 反馈方式

9.7.3.1 应采用个别面谈和信函等方式反馈。

9.7.3.2 可通过职业经理人资质证书反馈结果。

9.7.4 反馈要求

9.7.4.1 反馈信息时,应尊重考评对象的人格,用明确、简洁的语言或文字准确表达。

9.7.4.2 指导考评对象发挥自身优势,对低分者应谨慎解释。

9.7.4.3 反馈测评结果时应做好保密工作。

后 记

本书得到了辽宁省社会科学规划基金办公室资助,资助项目为:辽宁省社会科学规划基金重点项目"混合所有制企业选人用人与激励分配机制研究"(项目编号:L22AGL020)。希望本书能够为辽宁省推进国有企业混合所有制改革提供参考,助力辽宁国有企业提升活力和竞争力,推动辽宁老工业基地新一轮全面振兴。

混合所有制企业职业经理人制度是混合所有制企业选人与激励分配机制的重要组成部分,也是一个极具理论性和实践性的课题,需要用理论指导实践,再根据实践探索结果,不断丰富完善相关理论。本书是在大量调研基础上完成的研究成果,力求既能体现理论研究的框架性、完整性、规范性,也能够体现混所有制企业改革的实践性、特殊性、发展性。希望本书能够抛砖引玉,为推进国有企业混合所有制改革贡献绵薄之力。

在本书撰写过程中,得到了许多专家学者和国有企业高级管理人员帮助。他们不仅提供了丰富的研究素材,而且凭借深厚的理论和丰富的实践经验,提出很多中肯的改进意见。在此,对他们表示衷心的感谢!

著 者
2023 年 5 月